유럽 교환학생 일기

유럽 교환학생 일기

글,사진 홍지수

마음세상

프롤로그

"엄마, 나 안 갈래. 안 가기로 했어."

교환학생 지원하기 전, 나의 입에서 나온 말이다. 지원하기도 전에 포기한 꼴이었다. 교환학생이라는 계단을 올라가야 한다는 부담감 때문이었을까. 엄마가 기억하는 나의 모습은 지원하기도 전에 포기하는 바보 같은 모습이었다.

어딘가로 떠난다는 것은 곧 새로운 환경과 새로운 사람들을 마주해야 한다는 것이었다. 한국이 아니라 유럽이라는 미지의 세계를 탐구하는 것이기도 해서 가뿐히 도전해볼까 하다가 알 수 없는 두려움이 들었다. 잘 적응하고 잘 어우러져야 한다는 강박감이 소리 없이 엄습해오고 있었다.

어느 순간 눈을 떠보니 교환학생 면접에서 거침없이 자기소개하고 있었고, 눈을 감았다 다시 떠보니 밤 비행기 안에서 컵라면을 먹고 있었다. 교환학생으로 가게 된 오스트리아 쿠프슈타인은 유럽의 한가운데에 자리하고 있다. 이곳에 머무는 동안 유럽 어디든 자유롭게 여행할 수 있겠지 싶어 지리적인 이유로 이곳을 선택하였다. 오스트리아의 겨울학기는 9월이 아니라 10월에 시작하기 때문에 9월 추석 주를 끼고 우리 가족은 동유럽 여행을 결심하였다. 아빠, 엄마 그리고 동생과 손을 잡고 비행기에 올라탔고 그 순간 교환학생 생활의 서막도 어느새 올라가고 있었다.

제4부 교환학생만이 할 수 있는 여행 II

제5부 언젠가 또 만나리

제1부
가족 동유럽 여행

체코 프라하에 닿다

유럽에서의 첫발은 가족과 함께했다. 아빠, 엄마 그리고 두 살 아래의 동생과 함께 출국해 유럽을 밟았다. 여행지는 유럽 중 동유럽 일부분을 택했으며 동유럽 안에서도 오스트리아, 체코 그리고 헝가리로 선택지를 좁혔다. 먼저 프라하 땅을 밟고 두 밤을 보낸 후, 부다페스트로 옮겨 이틀을 묵기로 했다. 부다페스트에서 빈으로 이동해 하룻밤 머물고 교환학생으로 머물게 될 쿠프슈타인에서 2박을 하기로 했다. 그리고 다시 프라하로 돌아가 가족과 작별 인사하는 것이 우리 가족의 전체적인 여행 계획이었다.

교환학생으로 가게 될 지역인 오스트리아 쿠프슈타인을 포함하게 된 계기는 부모님께서 내가 교환학생으로 살게 될 곳을 보고 싶어 하셨기 때문이었다. 빈과는 멀리 떨어져 있고 독일과 가까운 지역이었기에 여행 경로는 덕분에 꼬

이고 말았지만 지금 돌이켜보면 제일 잘한 일이었다. 가족과 쿠프슈타인에서 머물렀던 기억은 훗날 나에게 하나의 소중한 추억이 되어주었다. 쿠프슈타인을 같이 보고 다녔던 경험을 공유하고 있어서 교환학생으로 있는 동안 이곳에서 어떤 일이 생기면 가족에게 생생하게 전달할 수 있었다. 쿠프슈타인이라는 공통 화젯거리가 생겼고, 덕분에 가족과의 대화 나누는 시간이 길어졌다.

처음 밟은 이국 땅에서 실수란 누구나 거쳐야 하는 관문이라고 생각한다. 몇 번 온 사람이 아닌 이상 실수를 하지 않을 수 없다. 여행 가이드처럼 완벽히 준비했어도 낯선 이들 사이에선 우왕좌왕하기 마련이다. 그 속에서 난 가족과 함께였다. 가족과 함께여서, 무엇을 하든 의지가 되었고 금방 적응을 할 수 있었다. 이로써 또 한 번 발견하였다. 가족이라는 소중한 힘을.

첫날에는 프라하 체코로 알고 있었다가, 다음날이 되어서야 체코 프라하라는 것을 알게 되었다. 그게 9월의 나였다. 프라하에서의 마지막 날이 되어서야 체코 안에 있는 것이 프라하임을 완벽히 인지했다. 시작부터 뒤죽박죽인 나의 유럽에서의 여행기는 삐뚤 빼뚤 출발선을 긋고 나아갔다. 우리 가족은 즉흥 여행이자 자유여행을 하게 되었다. 고백하자면, 가이드 역할을 톡톡히 해내야 했던 맏딸인 내가 제대로 된 임무를 수행하지 못하였기에 발생한 일이었다. 프라하에서 머무는 동안 한 일은 세 가지로 요약될 수 있다. 첫째, 맥주를 원 없이 마셔보았다. 둘째, 부지런히 이른 아침 프라하의 풍경을 감상했다. 셋째, 길거리 음악을 사랑하고 즐겼다.

프라하의 9월은 화창했다. 여름 날씨처럼 덥기까지 했다. 생각보다 훨씬 더운 날씨에 가족은 당황한 기색을 보였지만, 머리에서 흐르는 땀보다 눈 앞에 펼쳐지는 전경에 모두 입을 다물지 못했다. 어느 거인들이 사는, 동화책에 나올 것만 같은 마을에 들어선 것 같았다. 건물들은 하나같이 다 예뻤으며, 알록달록한 색채감이 눈앞에 어른거렸다. 하늘은 푸르렀으며, 그 아래에 있는 사람들은 제각기 다른 구경을 하는 듯했다. 엄마는 하늘을 바라보았다. 고개 들어 하늘을 보는 엄마 따라 우리 가족 모두 턱을 하늘 쪽으로 높이 들어 올렸다. 푸르른 하늘이 우리를 반갑게 반겨주는 듯했다.

체코에 에버랜드가 있었다면 이런 느낌이 들었을까? 프라하는 우리나라의 에버랜드와 같은 놀이동산 느낌이 났다. 프라하가 들으면 섭섭하겠지만 정말 그렇게 느껴졌다. 갑자기 빰빠밤 하고 퍼레이드가 펼칠 것 같았던 마을은 트루먼 쇼처럼 우리가 다른 곳으로 가면 곧바로 철수할 것만 같았다. 숙소 위에서 바라본 체코의 풍경은 더더욱 그러했다. 숙소 옆에 카를교가 있었기에 도착하자마자 짐 풀 새도 없이 카를교를 구경하러 나갈 채비를 하였다. 카를교는 구시가지와 프라하 성을 연결해주고 있었기에 유명 관광지 중의 하나인 프라하 성으로 가기 위해서는 카를교를 건너야만 했고 그 규모는 엄청났다. 카를교로 향하기 전, 그새 와이파이를 연결해 친구들에게 프라하에 왔다는 사실을 자랑하는 데 여념이 없는 이가 있었다. 그건 바로 나였다. 그 당시의 나로 돌아갈 수만 있다면, 혹은 그 당시의 나에게 말할 기회가 주어진다면 꼭 말해주고 싶다. 지구 반대편에 있는 친구들보다 훨씬 더 소중한 존재가 바로 옆에 있다고 말이다.

갑자기 어디선가 노랫소리가 들려왔다. 잘 부르는 건 아니고, 취객들이 부르는 듯한 목소리가 노래를 불렀다. 다리 넘어 주택가로 고개를 쓱 돌려 마주한 장면은 결혼식이 끝난 신랑 신부에게 평범한 티셔츠를 입은 신랑 측 친구들이 힘차게 축하 노래를 불러주고 있었다. 술 때문인지 음치임에 분명한 그들의 우렁찬 노랫소리는 주변 분위기를 화기애애하게 만들었다. 경쾌한 하루의 시작이었다.

체코어로 건배, 나쓰트라비!

저녁을 먹기 위해 숙소 근처 사람들이 왁자지껄하게 모인 곳 안으로 들어갔다. 사람이 꽤 많아 맛집일까 검색해보았는데 맞았다. 운 좋게 별다른 기다림 없이 자리에 앉을 수 있었다. 우선 주문한 흑맥주 3잔이 나왔다. 손바닥보다 큰 크기에 놀라고 맛에 두 번 놀랐다. 하지만 그것도 잠시였다. 시간이 흘렀는데도 연달아 시킨 음식들이 나오지 않아 속이 상했다. 여기 웨이터들은 주문이 밀려있는데도 느긋했다. 우리만 초조해졌다. 주문이 잘못 들어간 것이 아닐까 추측했고 관광객이라고 차별하는 걸까 하는 별의별 생각마저 들었다. 서둘러 있는 것에 익숙해진 우리와 달리 그들 입장에서는 아주 조금 늦은 것이었을 텐데 말이다. 그래서 그들에게는 우리의 조급해진 속마음이 들킬까 조용히 기다렸다. 장시간의 기다림 끝에 음식이 나왔다. 소문대로 음식이 짰다. 체코 음식의 주 메뉴는 고기로 약간 자극적이어서 맥주와의 환상적인 조화를 이루었다. 고기와 같이 나온 감자 만두에서는 밀가루 맛이 진했다. 뭐든지 잘 드시는 아빠와 동생은 체코 음식을 좋아했으나 토종 한국인 입맛의 엄마와 나는 만족하지 못했다. 옆에서 동생은 매 끼니 체코 음식을 먹고 싶다고 노래를 불렀다.

체코 사람들은 게르만족의 피가 흘러서 체격이 큰 편이다. 채소보단 육류를 더 선호하는 체코 사람들은 각 한 사람당 우리나라 족발과 비슷하게 생긴 콜레뇨라고 불리는 돼지고기 요리 하나씩을 독차지하고 있었다. 1인 1 메뉴가 당연시되고 있어 분명 서로 다른 메뉴를 고르고 함께 나눠 먹는 한국인 관광객들을 많이 보았을 텐데도 이곳 웨이터들은 매번 음식을 놓을 때마다 누구 앞에 놓을지를 꼭 물어보았다. 음식을 공유하고 먹는 문화가 없다는 것을 뚜렷이 느낄 수 있었다.

어느 더운 날, 프라하 성 앞에서 사랑스러운 코젤 생맥주를 만났다. 아직 해가 높이 떠올라있는 시간대여도 그냥 지나칠 수만은 없었다. 가족 모두 낮 맥주 한 잔씩 하자는 생각에 빈속에 맥주 한 잔을 들었다. 발걸음이 가벼워지는 순간이었다. 성에서 내려가다가 길목 앞 계단에 앉았다. 지나가는 사람들을 구경하며 한 잔을 쭉 들이켜 깨끗이 비웠다.

모두가 잠에 취해있을 때

날이 밝았다. 새벽 6시는 이른 시각이어도 카를교의 아침 전경을 놓쳐서는 안 된다고 들었기에 서둘러 길을 나섰다. 도착한 카를교에는 사람 한 명 없었다.

여유롭게 카를교를 한 바퀴 돌고 싶다면 시간을 넉넉히 잡고 가야 한다. 평일 오전, 아니 주말 오전도 좋다. 일찍이 숙소에서 나와 카를교를 걸어본 기억이 쉽사리 잊히지 않는다. 밤에도 운치 있지만 아침 시간대의 카를교도 멋있다. 저녁 시간대는 패키지로 온 외국인 여행객들로 북적북적한 카를교는 이른 새벽 아무도 없을 때 우리를 더 반겨주는 듯했다. 우리 또한 사람에 가려 묻혀있었던 카를교의 전체 모습을 볼 수 있었다.

참새가 방앗간을 그냥 지나치지 못하듯이 엄마와 동생은 길거리 핫도그 가

게에서 발걸음을 멈추었다. 가볍게 아침을 때우고자 했던 아빠는 못 말린다는 표정을 지었다. 달랑 소시지 하나만 들은 핫도그에서 진한 소시지 맛이 풍겨온다. 한적한 카를교 위를 유유히 걸으며 핫도그 한 입, 두 입 꼭꼭 씹어먹었다.

　우리 가족은 매일 숙소 맞은편 카페 22라는 곳에서 아침을 해결했다. 따뜻한 커피가 유리잔에 담겨 나오는 것을 이곳에서 처음 맞이했다. 우리나라 카페와 달리 따뜻한 차나 커피가 머그잔이 아닌 유리잔에 담겨 나오는 것이 색다르게 느껴졌다. 머그잔에 뜨거운 음료가 나오는 것이 익숙하기 때문이었다. 야들야들한 달걀과 길쭉한 소시지가 놓인 미국식 아침 식사, 생크림이 잔뜩 쌓여있는 팬케이크 그리고 만지면 바스스하고 무너질 것 같은 연약한 크루아상까지 푸짐하게 나와 풍족하게 활기찬 하루를 시작할 수 있었다. 지나가는 트램을 볼 수 있었던 건 덤으로 좋았다. 다음 날, 그 다음 날도 이곳에서 커피 한 잔과 함께 브런치다운 아침을 즐겼다. 티파니에서의 아침이 아니라 프라하에서의 아침을 찍는 우리 가족이었다.

　이틀째 어제 본 아저씨가 또 앉아 있었다. 단골인 듯싶었다. 어제처럼 크루아상 접시를 옆에 두고 와인 한 잔, 두 잔 홀짝이며 글을 쓰시는 아저씨는 작가 혹은 작곡가 같았다. 혹여 그의 예술 작업에 방해될까 봐, 옆에서 우리 가족은 포크질하며 커피를 입에 물고 조곤조곤 대화를 나누었다. 유럽에 지내는 동안, 그 아저씨처럼 단골집 하나를 만들고 싶어졌다.

종일 음악과 함께하다

　서서히 노을이 지기 시작할 무렵 카를교를 건너면 화려한 연주를 뽐내는 길거리 연주자들을 다리 곳곳에서 마주할 수 있다. 어쩜 이렇게 수준급인지 지나가던 모든 발걸음을 멈추게 한다. 사진으로 담을 수 없는 야경과 그들의 음악과의 조화는 그 어느 거리 공연과도 비교할 수 없을 만큼 훌륭했다.

　체코의 밤이 짙어지고, 하늘의 별이 선명해질 때 즈음 연주자들이 하나 둘씩 모습을 드러냈다. 다리 위 한가운데에 밀집된 경우도 있고 다리 끝에 자리한 사람들도 있다. 그들은 그들만의 언어가 되어주는 악기를 꺼내 제각기 연주 솜씨를 뽐냈다. 반주 없이 훌륭하게 노래를 소화해내는 이가 있었는가 하면, 오케스트라 공연장에서만 볼 줄 알았던 현악기를 거침없이 연주하는 이들도 있었다. 마치 방음벽이 그들 사이에 놓인 것처럼 그들의 연주 소리는 서로에게

방해되지 않았다. 다리를 지나갈 때마다 저마다의 다른 CD 곡이 틀어지고 있는 것만 같았다. 또 한편으로는 누가 사람들의 시선을 먼저 끌 것인가 하는 내기를 벌이고 있는 것만 같았다.

프라하 성 뒤쪽에는 기다란 푸른 공원이 자리하고 있다. 이곳에서 뜻밖에 클래식 음악이라는 달콤한 휴식을 맞이했다. 제복을 입은 분들의 오케스트라 연주였는데 수준이 아마추어 이상 전문가 급이었다. 음악은 여기 사람들의 삶에 오랫동안 자리해온 것 같았다.

라즈베리잼과 먹는 소고기 요리,
스비췬코바

여행 초반 우리 가족은 미처 몰랐다. 우리는 서로를 정말 모른다는 것을. 길 치인 나는 구글 지도에 의존하고자 했고 생각보다 크기가 작은 프라하 중심가를 꿰뚫고 있었던 아빠는 기계보다는 직감을 믿었다. 어디서부터 잘못된 걸까. 물론 자유 여행하다 보면 일어날 수 있는 일이었다. 그러나 처음부터 같이 소통하고 타협을 했더라면 에너지 소모는 없었을 것이다. 우리 가족은 각자 저마다의 방식을 고집하였다. 그 바람에 구글 지도에서 알려주지 않은 트램을 탔다. 알맞은 트램이었으나 어디서 내려야 하는지 몰라 그만 목적지였던 맥줏집에서 벗어나고 말았다. 그저 코젤 맥주와 함께 체코 전통 요리를 먹고 싶었을 뿐인데 트램은 한참 가더니 어느 외곽에 위치한 종점에서 우리 가족을 뱉어냈다.

우연히 다다른 곳에서 우리는 한 유럽의 마을 풍경을 보게 되었다. 그 순간

에 본 하늘은 서서히 지고 있었고 외곽 끝 쪽의 하늘이 붉은색의 빛을 띠었다. 붉어지는 하늘에 마음이 누그러졌다. 괜찮아하고 위로해주는 듯했다. 끝이 보이지 않는 어느 한 외곽 마을을 또 언제 오나 싶어 그 순간을 즐기기로 했다.

　외곽에 사는 여기 주민들은 영어를 잘하지 못하였다. 몸짓과 손짓을 동원해 그들과 소통할 수 있었다. 지하철에서 티켓을 산 후, 다시 중심 관광지로 돌아가는 트램을 탑승했다. 그렇게 도착한 맥줏집에서 우리 가족은 라즈베리잼이 함께 나오는 소고기 요리 스비췌코바를 만났다. 우리의 시선에는 생뚱맞은 라즈베리잼이었지만 고기와의 맛 조화는 그럴싸했다. 잼이 달게 느껴지면 체코 맥주로 반주하여 간을 맞췄다. 부드러운 스비췌코바는 우리의 속을 달래주었다. 한 접시에 놓여 있는 라즈베리잼과 스비췌코바의 묘한 어우러짐은 서로에게 서툰 우리 가족과 많이 닮아있었다.

부다페스트로 달려가는 기차 안

　프라하와 작별인사를 한 후, 낑낑대며 짐을 들고 기차에 올라탔다. 다음으로 갈 곳은 오스트리아 여왕 엘리자베스가 사랑한 헝가리 부다페스트였다. 아침 10시 차를 타고 가면 약 4시 반에 도착하는 곳이었다. 지도상으로 봤을 땐 꽤 가까워 보였는데 6시간 반이라니 놀라웠다. 유럽 대륙의 크기를 무시한 발상이었지만 우리나라 교통편의 빠름에 익숙해진 탓이었다. 대략 7시간 동안 기차 안에 있어야 한다는 사실은 벌써 지겨움을 안겨 주었다.

　넓은 기차 창을 통해 밖을 보면서 다소 지루함을 달랠 수 있었다. 창밖 펼쳐지는 자연경관은 그동안 내가 봐왔던 풍경이 무색하게 느껴질 정도로 광활했다. 기차에서 제공하는 와이파이도 잘 안되고, 도시 국경을 넘나들 때는 무려 데이터조차 잘 안 되었다. 그럴 때마다 창밖을 보았다. 이때의 나는 앞으로 기차에서 보내는 6시간은 아무것도 아닌 시간이라는 것을, 미처 알지 못했던 초보 여행자였다.

우리 가족은 4명이 마주 보고 앉아 갈 수 있는 칸을 지정해서 앉았다. 기차역 마트에서 바리바리 산 음식들을 꺼내 먹다가 바로 옆 칸이 식당 칸이라는 사실을 알게 되었다. 마침 식사시간이기도 해서 우리 가족은 모두 바로 옆 식사 칸으로 이동했다. 요리는 물론이고 와인과 맥주까지 제공하는 레스토랑이었다.

나는 와인 한 잔을 마시기로 했다. 아빠 손 크기만 한 미니 와인이 와서 적당히 입을 적셨다. 나머지 가족은 모두 코젤 맥주를 시켰다. 우리 가족은 프라하의 맥주 중 코젤 맥주를 가장 사랑했다. 지금도 우리 아빠는 코젤 맥주를 찾는다. 한국에서 맛보기 힘든 코젤 생맥주를 배로 좋아하신다. 그때의 코젤 생맥주를 표현하자면, 맥주가 아니라 성수 같았다. 체코 사람들은 물 대신 맥주를 즐겨 마신다는데 왜 그런지 알 수 있었던 맛이었다. 그러므로 이때에도 코젤 맥주는 빠질 수 없었다. 어떻게 보면 헤어지는 체코와의 작별주이기도 했다. 음식으로는 수프 두 그릇과 토끼 요리를 주문하였고 이로써 점심을 잘 해결할 수 있었다.

TIP. 유럽 기차 안에는 식당 칸이 있다. 그다지 비싸지 않으니 활용해보자. 맛은 큰 기대를 하고 간다면 오산이다. 그러나 기차 안에서 와인 마셔보기는 한 번쯤 꿈꿔보지 않았는가? 충분히 가치가 있다.

Special.
유럽여행은 곧 기차여행이다

이번 우리 가족 여행의 테마는 기차 여행이었다. 기차에서 총 24시간을 보냈다 할 정도로 도시 간의 대중교통을 모두 기차로 이용했다. 교환생활 마지막까지 기차를 이용했고 장시간 기차 이용하는 데 달인이 되어갔다. 그리고 비행기보다는 기차를 점점 사랑하게 되었다.

기차를 예매할 때는 일등석과 이등석의 두 종류가 있다. 일등석과 이등석의 차이점을 가볍게 짚고 넘어가겠다.

1등석
· 공짜 물 및 간식을 준다.
· 의자의 편안함이 보장된다.
· 의자를 뒤로 젖힐 수도 있다.

· 화장실 크기가 클 가능성이 높다.

· 안심도가 높다. 비싼 가격인 만큼 평균적으로 위험한 사람을 만날 확률이 적다. 대체로 앉는 사람의 수가 적기에 모르는 사람과 함께 앉을 경우의 수도 적다.

2등석

· 공짜 물이나 간식을 주지 않을 가능성이 훨씬 크다.

· 의자를 뒤로 젖히지 못한다.

· 세면대가 특히 너무 작아 세수하고 싶을 땐 곤란할 것이다.

· 위험한 사람과 같은 칸에 앉아야 할 수도 있다. 반대로 혼자 갈 확률도 있으니 복불복이다.

예외. 오스트리아 철도청 OBB 기차는 일등석과 이등석의 차이가 확연하지 않을 정도로 가장 깔끔하고 좋았던 기차였다. 대부분 기차 이등석 칸은 방처럼 되어있었기 때문에 더 좋게 느껴졌다. 물론 예외도 있었다. 폴란드 바르샤바에서 오스트리아 빈으로 가는 기차 일등석 칸은 4명이 마주 보고 가는 방처럼 되어있었다. 교환학생으로 머무는 동안 가장 많이 탑승한 독일 철도청 DB 이등석 칸은 대체로 해리포터가 1편에서 헤르미온느와 론을 처음 만난 기차의 칸처럼 방으로 되어 있어 4명이나 6명이 마주 앉아보고 갈 수 있었다. 친구들과 유럽 여행할 땐 될 수 있는 대로 이등석 칸을 타볼 것을 권장한다. 재미나게 유럽 기차 여행을 즐길 수 있다.

주의할 점. 유럽에서 일등석 칸을 골랐으면 일등석 칸 자리 중 아무 데나 앉을 수 있다. 넷이서 마주 보고 앉을 수 있는 자리에 버젓이 혼자 앉아계시는 분도 있었다. 칸만 조심해서 앉아 있으면 된다. 이등석 칸을 샀으면 이등석 칸에만

앉아 있을 것! 이등석 칸을 예매하였는데 일등석 칸에 앉아 있으면 벌금을 내야 하니 주의하길 바란다.

주의할 점 2. 부다페스트 기차표는 한국에서 예약서만 뽑아간 거라 표를 발권해야 했다. 예매했더라도 프린터를 한 용지가 티켓이 아닐 수 있으니 항상 유의할 것. 또한, 일찍이 티켓으로 교환하지 않았을 경우 추가 요금을 훨씬 많이 내야 하는 경우도 있다.

> TIP. 부다페스트에서 오스트리아 빈으로 가는 두 번째로 기차 이용한 날, 체코에서처럼 좌석표 예약까지 다 했었다. 유럽에서의 자리 지정은 필수가 아니라는 사실을 여행하는 동안 깨달았다. 사람이 많이 타는 구간이 아니라면, 굳이 좌석 지정 티켓을 살 필요가 없다. 더 나아가 좌석표는 Reservation의 역할만 해줄 뿐, 따로 검사를 받지 않는다.

젊음과 자유의 도시,
헝가리 부다페스트

프라하에서 부다페스트로 넘어와 2박 3일의 시간을 보냈다. 헝가리의 분위기는 체코와 달랐다. 비록 단 3일이라는 짧은 시간밖에 있지 못했지만, 현저히 다름을 느낄 수 있었다. 헝가리를 먼저 갔다가 체코에 가면 어떻게 느낄지 모르겠지만, 체코에 갔다가 들린 헝가리는 더 매력적으로 다가왔다.

숙소에 짐을 놔두고 부다페스트의 땅을 걸어보았다. 부다페스트의 첫인상은 자유분방함이 가득한 청춘의 도시였다. 잔디에 자유롭게 앉아 수다를 떠는 학생들과 그 사이를 마음껏 뛰어 노는 산토끼를 보았다. 듣기로는 부다페스트에 핫한 클럽과 바가 많다는데, 청춘의 도시구나 싶었다. 프라하에서는 연령대 높은 사람들이 상대적으로 많았다. 음식점에서 서빙하시는 분들도 대부분 나이 드신 분들로 이루어져 있었다. 그런 곳에 있다가 부다페스트로 와서 보니

젊은 사람들이 훨씬 많아 놀랄 수밖에 없었다.

부다 지구와 페스트 지구를 연결하는 세체니 다리로 향하였다. 다리로 이동하는 와중에 본 부다페스트의 풍경은 유럽의 어느 도시 풍경과 비슷했다. 처음 맞이한 유럽의 도시 풍경이 신기해 셔터를 마구 눌렀었다. 건물들 사이로 가게들이 늘어져 있고 나무들이 나란히 줄지어 심겨 있다. 그 사이를 걸으며 테라스에 술 마시는 이들을 구경했다. 구경하는 맛은 물론이고, 저기 가보고 싶다 또는 여기는 어떨까 하고 추후 가볼 것을 미리 찜해보는 것도 재미있었다. 세체니 다리 입구에 세워져 있는 큰 사자상으로부터 위엄이 느껴졌다. 세체니 다리 옆 도나우 강 근처로는 사람들이 의자에 앉아 분주히 수다를 떨고 있었다. 스마트폰 없이 서로 마주 보고 대화하며 강가를 들여다보는 그들의 행동이 신선했다. 부다페스트는 시원한 여름을 보내기에 안성맞춤이었다.

바다처럼 넓은 강을 가로지르는 거대한 다리, 세체니 다리를 건너는 와중에 본 부다페스트의 전경은 더욱 아름다웠다. 다리 사이로 보이는 붉어지는 하늘에 마음을 뺏겼다. 개인적으로 해지기 전의 하늘이 해가 완전히 진 후의 야경보다 좋았다. 살짝 노을이 끼기 시작할 때 세체니 다리를 걸어보자. 다리의 안쪽 난간 위로 올라가 앉아 보는 것도 좋을 듯하다. 어쩜 하늘이 이렇게나 예쁠 수 있을지. 마치 동화 속에 나올 만한 하늘을 보니 긴 여정의 피로가 풀어진다. 부다페스트를 보면 강을 끼고 있어서 그런지 부산의 광안리와 해운대가 떠올랐다. 물론 도나우 강 크기가 둘을 합친 것만큼 크고 분위기가 약간 다르긴 하지만.

구름 몇 개 동동 띄운 우유 같은 하늘 아래 주황빛의 낮은 지붕들이 모여있고 푸른 공원 옆으로 짙은 노란색의 트램이 지나갔다. 그리고 그 옆엔 아직은 낯선 유럽이지만, 행복한 여행 중인 우리 가족이 있었다.

싸고 맛있는 음식문화 천국

저녁 식사 시간이 되자 우리 가족은 부다페스트 맛집을 찾아 다녔다. 한국
에서 미리 알아온 맛집의 위치를 구글 지도에 확인하는 순간 아차 싶었다. 무
려 15분 내지 20분 걸려야 도달하는 곳에 있었기 때문이었다. 지금 시각은 오
후 6시 24분. 점심을 걸렀기에 배가 더 고픈 시각이었다. 오래 기다려야 하지만
실패 없는 저녁을 먹을 것인가 혹은 바로 먹을 순 있어도 맛없을 가능성이 있
는 근처 음식점에 갈 것인가. 두 갈래의 길이 생겼다. 한참을 망설이다가 찾아
본 맛집으로 굳혔다. 현지인은 물론 관광객들 사이에서 소문난 곳이니까 끝까
지 힘내서 가기로 했다. 세체니 다리로 향하면서 둘러본 집은 많아도 맛있을지
는 모르니까. 첫 끼를 모험으로 선택하고 싶진 않았다. 꼬르륵 배가 주는 신호
소리에 맛집을 찾아가는 길은 더욱 멀게만 느껴졌다.

어렵게 도착한 맛집에서 우리 가족은 맥주 한 잔씩을 잊지 않았다. 음식은 어느 블로그 글대로 시켜보려다가 에라 모르겠다 싶어 이것저것 종류별로 시켜보았다. 이게 양고기인지 저게 소고기인지 모르는 채 체코와 달리 짜지 않았던 채소와 감자튀김을 곁들여 먹었다. 프라하에서처럼 부다페스트의 음식량은 많았다. 그러나 여기 부다페스트에서 더 많은 음식 종류를 볼 수 있었다. 쌀국수조차 보기 힘들었던 프라하 관광지에서와 달리 부다페스트 관광지에서는 쌀국수는 물론이고 다양한 나라의 음식점들을 볼 수 있었다.

또한, 부다페스트에서는 요구르트나 샐러드와 같은 건강식을 쉽사리 접할 수 있었다. 둘째 날, 숙소에서 걸어 도착한 카페에서 건강한 아침을 맞이했다. 이곳에서 만난 한국에서 보기 힘든 에그 베네딕트, 빵에 싸서 먹는 각종 치즈 및 햄 그리고 달콤하고 쌉쌀한 카푸치노는 잊을 수 없다. 여기에다가 양파와 빵 위 소스의 조화가 만들어내는 환상적인 맛의 헝가리 식의 전통 샌드위치와 상큼하면서도 개운한 과일 요구르트가 더해져 끝내주는 아침 식사를 해결할 수 있었다. 일인당 메뉴 한 개씩을 시켰더니 푸짐하게 먹을 수 있었는데 이렇게 많이 시켜도 비싸지 않았다. 동생은 부다페스트에서의 교환학생 생활을 꿈꾸기 시작했다.

음식 문화가 발달한 부다페스트에서는 부다페스트 중앙 시장이 유명했다. 이곳에서는 현지인 느낌 나는 체험을 해볼 수 있었다. 1층엔 치즈나 햄류 및 과일을 파는 식료품점이 입점해있었고 2층엔 가죽 가방이나 옷 같은 소품들이 진열되어 있었다. 가죽은 수제라 그런지 생각보다 비쌌지만 예뻐서 눈으로만 봐도 좋았다. 그 옆 소품들을 구경만 하기엔 나중에 후회할까 봐 무엇이라도 건질 요량으로 열심히 눈동자를 굴리다 영어로 부다페스트가 적힌 티셔츠 하나를 손에 넣었다. 1층으로 다시 돌아가서는 수박과 멜론을 샀다. 호텔로 돌아가 맛을 보았는데 꽤 달고 맛있었다.

너도나도 춤추는 밤

날이 저물어지기 전, 도나우 강에 유람선을 타러 갔다. 개인 회사에서 운영하는 배라 공식 매표소가 아닌 현장에서 표를 구매한 뒤에 들어갔다. 배 타기 전 강 위로 노을이 깜짝 등장하여 아름다움을 선사하는 모습에 그 자리에서 감탄했다. 곧 어두워질 풍경도 이처럼 예쁠까에 대해 의심할 정도로 아름다웠다. 배 위에서 본 풍경 또한 눈을 쉴새 없이 호강시켜주었다. 엘리자베스 다리는 웨딩드레스처럼 하얗게 빛이 났고 가까이서 본 초록빛의 서버차그 다리는 유독 강한 초록빛을 뿜어냈다. 야경 구경과 동시에 즉석 연주까지 들을 수 있었다. 연주가들의 수준급 실력으로 만들어진 감미로운 멜로디로 인해 귀도 즐거워졌다.

저녁을 다 먹은 뒤, 유람선 위로 올라갈 수 있다는 사실을 깨달았다. 재빨리 올라가서 본 부다 성은 금색으로 환하게 주변을 비춰주고 있었다. 부다 성 밑으로 유유히 흘러가는 작은 배도, 왁자지껄하게 수다를 떨며 즉흥 연주를 듣는 관광객들이 있는 큰 배도 금박 부다 성이 뿜어내는 빛을 따라 항해하고 있는 듯했다.

TIP. 유람선을 타면, 세체니 다리뿐만 아니라 프란즈 요제프 왕을 기리기 위한 서버차그 다리 그리고 엘리자베스 아멜리에 유진을 추모하기 위해 세워진 엘리자베스 다리도 감상할 수 있으니 타보시길 권유한다.

시간 가는 줄 모르고 부다페스트 야경을 감상했더니 어느새 배에서 내릴 시간이 되었다. 배에서 내려 세체니 다리를 향해 걸어가 보았다. 세체니 다리에서도 그렇고 부다페스트에서 길을 걷다 보면 유독 젊은 커플들이 많이 보인다. 다리 밑에 위치한 음식점에서 경쾌하고 왁자지껄한 음악이 흘러나와 지나가는 이들의 시선을 모두 사로잡았다. 보기만 해도 흥겨웠던 그곳은 구경하는 사람들의 청춘을, 사라졌던 청춘을 길게 끌어당기는 곳이었다. 춤추고 노는 것을 좋아하는 동생은 옆에서 눈을 떼지 못하였다. 날이 어두워져서 어쩔 수 없이 발걸음을 돌려야 했지만, 젊은이들의 자유분방함으로 인해 간접적으로 잠시나마 들떴었다.

Special.
숙소 정할 시 유의할 점

　이번 여행에서 가장 중요하게 생각했던 만큼, 실수투성이였던 부분이 있었다. 바로 숙소 정하는 것이었다. 여행을 떠나기 전, 엄마와 전전긍긍하며 숙소를 예약했다. 처음이어서 그랬던 걸까. 가족 여행인 만큼 머물기 편한 곳을 우선순위에 두었지만, 어쩔 수 없는 절약 정신에 가격도 고려하게 되면서 이번 여행에서 숙소 만족도는 100점 만점에 70점에 그치고 말았다.

　유럽 여행에서 친구 또는 가족과 함께 가는 자유 여행이 심심치 않게 늘어나고 있다. 여행 시 가장 먼저 해야 하는 것은 교통편과 숙소 예약이다. 물론 여행 시 숙소에 비중을 두지 않는 사람들이 있다. 숙소에 돈을 적게 투자하는 대신, 다른 것에 더 투자해 즐기고자 하는 사람들인데 나 또한 그랬었다. 그래도 좋은 숙소에 머물고 싶다는 생각은 지울 수 없지 않은가. 숙소를 정할 때, 어떤

점을 유의해서 보고 더 중요시해야 하는지 간단히 짚어보고자 한다.

평점이 높다고 해서 모든 면이 다 좋지는 않다.

사람들이 많이 이용하는 숙박 예약 사이트에서 평점이 높고 가격이 괜찮은 호텔을 발견했다. 평점이 9점 이상이나 되며, 호텔 위치도 중심가에 있는 듯하고 가격도 나름 합리적으로 느껴졌다. 여기 괜찮다 싶어 예약했는데 나중에 가서 보니 호텔 위치는 약간 중심가에서 벗어나 있거나 가격이 시설에 비해 싼 편이 아니었다. 위의 이야기는 필자가 직접 여러 번 겪은 이야기다. 슬프게도 남 말이 아니다. 당신의 이야기가 될 수도 있다.

숙박 예약 사이트에서는 평점과 함께 실제로 숙소에 묵은 사람들이 쓴 생생한 후기를 제공해준다. 어떠한 점이 좋았고, 어떠한 점이 아쉬웠는지 미리 들여다볼 수 있다는 것이다. 귀찮아도 꼼꼼히 읽어보기를 추천한다. 단순히 높은 평점은 당신의 마음에 들 것이라는 보장을 해주지 않는다.

후기 볼 때 좋았던 점보다 아쉬웠던 점을 중심으로 봐야 한다.

여행이 끝난 후의 사람 심리는 그러하다. 좋았건 나빴건 좋은 부분만 기억하고 싶고, 결국 나중에는 좋은 느낌만 남게 된다. 완벽한 기억 왜곡 현상이 아닐 수 없다. 그것이 여행이 우리에게 부리는 마법이다. 그 마법에 걸린 사람은 결국 또 어딘가로 가고 싶게 되고, 자꾸 여행하고 싶을 수밖에 없는 것이다.

이러한 상태에서 숙박에 대한 평을 줘야 한다면, 당연히 좋게 줄 수밖에 없다. 딱히 숙소에 대한 별다른 기억이 없다면, 평점만 주고 나오는 경우가 대다수다. 바로 평을 하지 않는 이상, 정말 숙소가 최악이 아닌 이상 대부분의 사람은 숙소 평을 긍정적으로 주기 마련이다. 그러므로 숙소에 대한 안 좋은 평은 여행이 다 끝났는데도 또렷하게 기억에 남을 만큼 싫었거나 아쉬워서 쓰는 것으로 해석된다.

다시 말해, 좋았던 점에 대한 생각은 왜곡될 가능성이 크나 나빴던 점에 대한 생각은 솔직하고 정직하다. 그 숙소에 대한 껍데기가 아니라 속을 들춰보고 싶다면, 단점을 먼저 보자.

제공하는 서비스를 필시 확인한다.

숙박 예약 사이트에서 대부분의 숙소는 제공되는 서비스를 명시하고 있다. 하지만 그것만 보고 갔다간 큰코다칠 수가 있다. 명시된 서비스가 시행되고 있지 않은 경우가 있을뿐더러 명시되지 않았지만, 손님에게 암묵적으로 추진되고 있는 서비스가 있을지도 모르기 때문이다. 여기서 서비스는 일찍 체크인하기, 커피포트 여부 및 숙소 결제 방법을 포함한다.

나중에 가서 허탕 치는 일이 없도록 확인하라. 제공되지 않은 서비스로 인해 일정이 꼬일 수 있다. 이른 시각 도착으로 일찍이 체크인하고 싶은데 오후 2시까지 들어가지 못한다면 그 날 일정은 뒤죽박죽이 되고 마는 것이다. 확인하는 방법은 간단하다. 숙소 예약 사이트에서 제공하는 연락망을 이용하거나, 숙소 이메일에 직접 문의하는 것이다. 일찍이 체크인할 수 있는지, 체크인이 안 된다면 짐이라도 맡길 수 있는지. 미리 물어볼수록 나중의 여행이 편안해진다.

> **TIP. 가보기 전엔 제대로 알지 못한다.**
> 숙박 예약 사이트에서 제공하는 숙소 위치를 봤을 때 기차역과 가까운 위치에 있어 예약했다. 아뿔싸 직접 가보았더니 조그마한 마을에서 역과 가깝지 않은 숙소는 없었다. 이처럼 직접 가보지 않은 이상, 그 지역 현지인이 아닌 이상 숙소에 대

한 정확한 판단은 어렵다. 좋은 숙소를 구했다 생각했는데, 믿었던 도끼에 발등 찍히는 경우도 허다하다. 이와 반대로 전혀 기대하지 않고 간 곳에서 뜻밖의 행운을 만날 수도 있다.

TIP 2. 위 모든 것이 귀찮을 때.
 숙소 하나 정하는데, 고려해야 할 게 너무 많다. 숙소 정하는데 많은 시간을 공들이고 싶지 않다. 그래도 반타작은 하는 곳에 가고 싶다면, 체인점으로 가라. 기본반 이상은 되어 있을 테니까. 평균적으로 보면, 처음 보는 동네 숙소보단 믿고 보는 체인점 숙소가 낫다. 서비스도 웬만하면 기본 이상으로 제공하고 있고, 가격과 위치도 나름 괜찮다. 그렇다고 너무 큰 기대는 하지 말자.

옛 음악가들이 숨 쉬는 빈

헝가리 부다페스트를 떠나 약 6시간 반을 달려 빈 중앙역에 도착하였다. 중심가는 빈 서역에 자리하고 있었지만, 예약한 호텔의 위치는 빈 중앙역이었다. 여행객이 지내기엔 주변이 다소 썰렁한 호텔이었지만 체인점이었고 서비스가 잘 되어있었다. 짐을 두고 서역으로 이동하기 위해 지하철에 올라탔다. 지하철 안 사람들의 빠른 움직임으로 도시에 왔음을 실감했고 생각보다 빨랐던 에스컬레이터의 움직임에 놀랐다. 높은 빌딩이 밀집된 넓은 미하엘 광장에 왔을 땐 방심하면 안 되겠다 싶어 우리 가족 모두 각자의 가방 끈을 움켜쥐었다. 관광객들이 밀집된 이곳 어디에서 소매치기가 숨어있을 수 있으니까.

우리 가족은 첫 번째 관광지를 건물 안쪽에 들어가야 만날 수 있는 모차르트 하우스 빈으로 선택하였다. 모차르트의 팬인 엄마께서 꼭 가보고 싶어 하신 곳이었다. 나머지 가족들은 별다른 기대 없이 들어갔는데 모두 시간 가는 줄

모르고 관람에 열중하였다. 한국어로 된 오디오 가이드가 있어 한층 재미를 더했는데 위대한 모차르트를 포장하기보단 아주 노골적으로 진솔하게 모차르트의 인생사를 들려주었다. 허물처럼 벗겨진 그의 인간적인 모습에 당황스럽긴 했지만, 그와 동시에 천재로 불렸던 그도 역시 사람이었음을 알 수 있어 흥미로웠다. 빈에서 만난 모차르트는 옆집 삼촌 같은 친근함을 주었고 그와 동시에 빈의 매력에 빠져들었다. 거짓 꾸밈없이 그대로를 보여주고자 하는 빈을 느낄 수 있었다.

박물관 구경을 마치고 나와 걸어본 빈 중심가에서는 거리마다 명품 매장들이 들어서 있었다. 이와 같은 곳은 한국에서도 볼 수 있어 눈길이 잘 가지 않았다. 조금 더 걸어 만난 구왕궁과 신왕궁 부근의 건물들은 멋있었다. 하지만 빈에서 인상 깊게 남은 부분은 건물 외관보다 문화였다. 빈이 예술의 본고장임을 다시 한번 느낄 수 있었다. 빈은 음악과 그림을 좋아하는 사람에게 오래 머물고 싶다는 생각이 들게끔 하는 곳이었다. 밖에선 길거리 악사들의 소박하지만 현란한 연주가 끊이지 않았으며 안에선 클림트의 작품을 감상하며 여러 여자들을 울린 그의 매력을 훔쳐볼 수 있었다.

멋있는 일상을 꿈꾸며

반세기 이상 수많은 음악가를 배출해낸 음악의 도시인 만큼, 그 명성답게 빈에서는 오케스트라와 프란츠 요제프 황제의 애정을 듬뿍 받은 오페라를 볼 수 있다. 매일 밤 다양한 음악 공연이 펼쳐지고 있는 이곳에서 나도 꼭 한 번 클래식을 들어보고 싶었다. 밤에 찾아간 뮤직페라인이라고 불리는 빈 필하모니 오케스트라의 메인 공연장에서는 고품질 음악 감상을 할 수 있었다.

매일 밤 데이트하듯이 공연에 오시는 나이 드신 분들이 보였고, 젊은이들도 제법 있었다. 대표적인 데이트 장소가 영화관인 우리나라 젊은이들과 달리 이곳 젊은이들은 오케스트라 관람으로 데이트를 하러 오는 것 같았다. 정장을 한껏 빼입고 음악을 감상한 뒤 한 잔의 샴페인으로 하루를 마무리하는 그들. 음악과 함께 대화를 나누며 서로가 가까워지는 시간을 보내는 그들의 모습은 음악과 일상이 한데 어우러져 놓은 파티 같았다. 그 옆에서 "나도 저런 인생…"하고 꿈꾸어보았다.

빈에서의 마지막 한 끼를 먹기 위해 유명한 맥줏집에 갔다. 이곳에서 직접 생산하는 생맥주는 혀를 부드럽게 감돌다가 톡 쏘았다. 체코에서 먹었던 흑맥주와 다른 촉감을 주었기에 우리 가족은 한 잔 더 마셨다. 음식으로는 이 집의 대표 메뉴 슈니첼, 퉁퉁 부은 수제비 같은 카푼젤 그리고 립을 시켰는데 그동안 잘 드시지 못했던 엄마가 유일하게 이곳에서 잘 드셨다. 내 입맛에도 딱 맞았다. 만족스러운 식사까지 마친 우리 가족은 빈에서의 마지막 날을 완벽히 보낼 수 있었다.

잘츠부르크 당일치기

앞으로 교환학생으로 머물게 된 쿠프슈타인과의 첫 만남은 가족 여행 중에 이루어졌다. 우리 가족은 쿠프슈타인 기차역과 1분 거리에 있는 기젤라라는 호텔에 머물렀다. 나중에 보니 그 조그마한 마을에 호텔이 몇 개나 있던지, 예상외로 호텔 선택지가 많았던 마을이었다. 더 좋은 호텔에 묵을걸 후회되었다. 그 당시 우리가 묵은 호텔 옆은 공사 중이었고, 공사 중인만큼 입구 들어가기가 복잡했다. 설상가상으로 그 호텔 안에는 엘리베이터마저 없었다. 캐리어를 낑낑 이고 지고 계단을 올라가야 했다. 그러나 이 집의 장점을 뽑는다면, 각종 햄과 빵으로 특별할 것 없지만 맛있었던 조식이 있었다. 전형적인 독일식의 아침을 엿볼 수 있었다. 아침 먹는 와중에, 할머니 할아버지들의 시선은 우리 가족에게 쏠렸다. 아무래도 이곳 오스트리아의 작은 마을 쿠프슈타인에서는 동양인을 보기가 드물었으리라.

　사실 쿠프슈타인이란 지역은 이름부터 외우는 데만 해도 족히 한 달이 걸렸다. 지금은 오랜 친구만큼이나 친근해진 쿠프슈타인 지역에 관해 설명하자면, 독일과 오스트리아의 국경에 위치한 요새가 있는 시골 마을이며 평균적으로 오스트리아인보다 독일인이 더 많이 살고 있다는 것이다. 독일인들의 주목받는 관광지 중 하나라, 큰 카메라를 든 외국인 관광객들을 자주 마주치며 교통 체증까지 일어나는 곳이다. 쿠프슈타인은 평화롭고 조용해서 살기엔 좋았지만, 하루 날 잡으면 동네 한 바퀴 다 돌 수 있는 곳이었다. 그러므로 우리 가족은 쿠프슈타인에서 머무는 동안 표를 구매해 당일치기로 잘츠부르크에 다녀왔다. 가족 네 명이 이등석 칸 입석 티켓을 구매했는데 왕복 30만 원이나 들었다. 오스트리아 철도청 OBB는 상대적으로 다른 철도청보다 비싸서 한 2주 전부터 미리 예매했어야 하는데 즉흥 여행이라 따로 어찌할 도리가 없었다.

잘츠부르크의 첫인상은 이러했다. 예상외로 건물 크기도 크고, 도로와 빌딩 사이에 자라고 있는 나무들은 싱싱하게 산소를 제공해주는 듯했다. 살짝 미국 시골 느낌이 나기도 했다. 걷다 보면 자연과의 조화를 잘 일궈낸 정원들을 계속 만날 수 있었다. 분명 9월 가을인데, 붉게 피어오른 꽃들을 보고 있자니 여름과 가을 사이로 시간이 거꾸로 간 것만 같았다. 잘츠부르크는 그러했다. 자동차가 지나가는 도로가 있는 거로 보아 사람 사는 곳은 확실히 맞는데, 성 같은 건물들이 듬성듬성하게 솟아있다. 그 광경 뒤에는 스위스에서만 볼 줄 알았던 알프스 산맥이 있었다.

도로와 도로 틈에 위치한 공원을 지나 미라벨 정원에 도착하였다. 미라벨 정원은 어렸을 적 즐겨봤던 영화 사운드 오브 뮤직의 배경으로 이름난 곳이었다. 미라벨 정원에 가득한 꽃은 향긋했고 곳곳에 지어진 작은 동상들은 평화로움을 자아냈다. 정원을 뒤로하고 뒤편 놀이터로 가 동생과 그네를 타며 놀았다. 그물망 형태로 되어있는 신기한 그네 안으로 들어가 쏙 앉아 서로 번갈아가며 탔었다. 뛰노는 아이들 사이에서 어찌나 그네가 재미있던지 깔깔대며 웃었다. 그렇게 그곳에서 동생과의 추억이 한 겹 쌓였다.

어느 순간 모차르트 팬이 되어버린 우리 가족은 또 모차르트 하우스로 가 구경을 한 뒤 모차르트 초콜릿 몇 개를 구매하였다. 모차르트 초콜릿 가게를 돌아다니며 가격을 분석해본 결과, 박물관에서 파는 초콜릿의 가격이 훨씬 싸다는 사실도 발견했다. 박물관에서 나와 요새로 올라갔다. 케이블카 타고 올라간 그곳에서 바라본 잘츠부르크는 쿠프슈타인의 세 배 크기의 마을이었다. 긴 강을 사이로 두고, 웅장한 건물들이 모여 있는 잘츠부르크 전경 감상을 마친 후 케이블카를 다시 타고 내려왔다.

첫 가족사진을 남기다

　나는 텔레비전 연속극이나 다큐멘터리에 나오는 가정집의 벽에 걸린 사진을 볼 때마다 사진관에서 가족사진을 찍고 싶다는 생각이 들었다. 우연히 잘츠부르크 요새에서 내려오는 길에 만난 사진관에서 우리 가족은 드디어 가족사진을 남길 수 있게 되었다. 이 사진관은 독특했다. 그냥 일반적인 사진관이 아니었다. 과거 18세기의 서양 사람들이 입은 스타일의 옷을 제공해서 그 옷으로 갈아입고 사진을 찍는 곳이었다. 잠시나마 그 시절의 사람들이 되어볼 수 있는 사진관이었다. 우리나라 전주 한옥 마을에서 해볼 수 있는 한복 체험과 비슷했다. 남성의 경우, 모차르트가 되어볼 수도 있고 옛 군인도 되어볼 수 있다. 여성의 경우 왕비 혹은 귀족 등 그때 그 시절 사람들로 분장할 수 있다. 우리 가족은 모두 무난한 귀족 옷으로 갈아입었다. 아빠를 제외한 나와 동생 그리고 엄마는 꽉 끼는 상의와 동그랗게 만들기 위해 철사가 고정된 듯한 치마를 입어야 했는데 옷을 입기가 불편하였다. 옷을 다 갈아입은 후에는 머리 가발까지 써야 했다. 하얀 레이스가 달린 양산까지 쓰고서야 사진 촬영 준비를 마칠 수 있었다. 옷이 참 불편해서 나는 귀족도 못 해먹겠구나 라는 생각이 들었다.

사진을 찍는 동안, 지나가는 사람들이 모여들어 구경했다. 그 모습에 카메라 앞에서 자연스러운 미소를 지을 수 없었다. 귀족이 된 우리 가족은 사람들의 이목을 끌었고 어느 순간 사진관의 광고 모델이 되어 있었다. 덕분에 사진관은 우리 가족의 촬영을 마치자마자 새로운 손님을 맞이하였다. 사진이 인화되고 결과물을 보니 생각보다 잘 나온 사진에 기쁨을 감추지 못했다. 사진을 친구들에게 보여주며 "사실 우리 가족의 조상님이 귀족이었어." 라고 큰소리칠 수 있을 것 같았다. 우연히 탄생하게 된 가족사진은 또 하나의 추억으로 자리 잡았다. 또한, 나는 잘츠부르크로 여행가는 모든 이들에게 이 이상하고도 흥미로운 사진관을 권하게 되었다.

문제의 프레즐

이 작은 마을에서 모차르트가 안 가본 곳이 있었으랴. 우리 가족은 요새에
서 검색한 모차르트의 단골집이었다고 하는 여러 레스토랑 중 하나를 선택해
도착하였다. 테라스에 많은 사람들이 있는 것으로 보아 맛집임을 확신했다. 메
뉴판으로 음식을 고르는 중간에 여직원이 프레즐을 테이블에 놓았다. 이때 우
리 가족은 알지 못했다. 유럽에서 공짜가 없다는 것을. 프레즐의 상태는 좋았
고 가져온 네 개 모두 맛있었으니 망정이지, 그렇지 않았다면 더 안타까웠을
것이다. 우리 가족은 한 톨의 의심도 없이 프레즐을 식전에 주는 서비스 빵으
로 생각했었다. 식사 후 받은 영수증에서 우리 가족은 모두 어안이 벙벙해졌
다. 그 이유는 영수증에 프레즐 가격이 찍혀있었기 때문이었다. 우리나라 문화
의 무료 서비스에 익숙해진 것이다. 한국 사회에서 우리는 무료가 아닌 서비스
를 공짜로 받아왔다. 지하철 역무원이 해주는 길잡이 역할, 미용실에서 파마하

며 마시는 차 한잔 그리고 일반 레스토랑에서 제공하는 피클과 빵 모두 무료로 당연하게 행해지고 받아들여지고 있다. 그런 서비스를 무한대로 제공하는 우리나라는 참 살기 좋은 나라라는 사실을 이곳에서 새삼 깨달았다.

TIP. 음식 문화가 자리한 이탈리아와 스페인의 경우 무료로 빵과 음식을 제공하는 곳이 여럿 있다. 하지만, 보통 유럽권에서는 물이나 빵 그리고 소스나 식후 디저트는 절대 무료가 아니다. 가끔 음식 주문 시 소스를 추가할 것인지, 식사 후 디저트를 먹을 것인지 등을 물어본다. 영어권이 아닌 곳에서는 부드럽게 "Could you~?"를 붙이면서 제안하는데 이 모든 건 공짜가 아니니 유의하시길.

가족과 보내는
마지막 시간

프레즐로 인해 웃고 울었던 모차르트 단골집에서 셀카봉마저 두고 나왔다. 이번 여행 중 가족사진 남기는 데 큰 역할을 해주었던 것인데, 작별인사도 못한 채 헤어지고 말았다. 큰 걸 잃어버린 건 아니었지만, 유용하게 썼던 물건이라 더 아쉬웠다. 그래도 여행 끝 무렵에 잃어버려 다행이었다. 9월 어느 날 서툴게 실을 잡았던 가족 여행은 어느새 매듭을 짓고 있었다.

프라하 공항에서 아빠와 동생과 작별인사를 한 후 엄마와 폴란드로 넘어가 학기 시작 전 남은 시간을 보냈다. 나중이 되어서야 알게 되었다. 이렇게 가족과 함께 유럽의 땅을 딛고 지냈던 시간이 남은 교환학생 생활에 얼마나 큰 힘이 되어주었는지를. 교환학생을 온 친구 중 대부분은 혼자 유럽으로 발걸음을 했다. 그들에 의하면 처음에 얼마나 외로웠는지 몰랐다고 한다. 심지어 내가 아는 한 친구는 내가 여길 왜 왔을까는 생각마저 들었다고 전했다. 가족과 함께한 시간으로 소중한 추억이 만들어졌다. 그리고 그 귀중한 시간으로 인해 남은 교환학생 생활을 알차게 보낼 수 있었다.

처음 낯선 땅에서 짧게는 5개월, 길게는 1년 살아야 하는 교환학생 생활. 누구는 타지에서 짧게 학교에 다니는 것이므로 별거 아니라고 한다. 또 어떤 새로움을 만나는 것이므로 반복되는 환경과 일상에 즐거움을 가져와줄 것이라고 말한다. 그러나 때로는 그 새로움이라는 것이 외로움을 가져다 준다. 그럴 때 가족과 함께했던 시간을 떠올리면, 교환학생 생활 속 버팀목이 만들어질 것이다. 영상통화나 인터넷으로 얼마든지 가족에게 연락할 수 있다. 하지만 교환학생으로 머무는 곳에서 짧게라도 가족과 시간을 보내기를 바란다. 그 여운이 오랫동안 교환학생 생활에 머물러 줄 것이다.

제2부
10월부터 시작된 교환학생 적응기

웰컴 투 쿠프슈타인

어느새 가족과 작별 인사할 시간이 성큼 다가왔다. 나의 두 번째 집이 되어 줄 쿠프슈타인으로 가는 날짜가 된 것이었다. 이제 기차에 타고 혼자 낯선 땅에서 적응하고 살아야 했다. 홀로 기차를 올라타기 전까지 나의 표정에는 변함이 없었다. 차분했고 의젓하게 기차에 올라탔지만 갑자기 가족 여행 후 크게 깨달은 가족의 큰 존재가 당분간은 곁에 없을 것이라는 실감이 났다. 미동이 없었던 눈에서 눈물이 떨어져 볼을 타고 흘러내렸다. 손으로 눈물을 훔친 채, 엄마를 돌아봤다. 엄마의 눈도 빨간 토끼 눈이 되어 나를 바라보고 있었다. 서로의 얼굴을 까먹을세라 하나하나 뜯어보면서 우리는 작별인사를 하였고 나는 수많은 사람 속에서 눈물을 쏟아내며 자리에 앉았다. 앞으로는 내가 홀로 해내야 하는 새로운 여행이 시작되고 있었다.

쿠프슈타인 마을 사람들

쿠프슈타인에서는 유독 할머니 할아버지, 연령대의 분들이 많이 거주하고 있다. 조그마한 마을에서 오고 가는 관광객들을 구경하며 조용히 살아가는 사람들. 알프스 산맥과 이름 모를 산들이 둘러싸여 있는 마을에 살아온 그들은 외부인들에게 먼저 다가가기 전에 앞서 경계한다. 독일과 오스트리아 국경에 있어, 수많은 독일인 관광객들이 모여드는 이곳에서 그들을 구별하는 방법은 딱 하나, 느긋함이다. 아침 일찍 빵집과 카페를 여는 사람들, 겉은 못생기고 딱딱하지만 속은 맛있는 큰 독일빵을 사가는 주민들 그리고 아침부터 맥주를 마시는 할아버지들. 빵으로 주식을 해결하는 이들은 비싼 외식을 자주 하지 않는다. 밖에 나오면, 맥주 한잔 혹은 에스프레소 한잔 정도를 즐긴다. 쿠프슈타인 사람들의 주요 수입은 관광객들에게서 온다. 그래서 이곳에서는 트립어드바이저 1, 2위를 다투는 음식점들이 많이 자리하고 있다.

■ 트립어드바이저(Tripadvisor)는 무료 맛집 애플리케이션이다. 전 세계의 맛집을 손쉽게 리뷰와 평점으로 찾아갈 수 있게 해주며 다녀온 맛집에 대한 공유도 할 수 있다. 데이터가 잘 안 터지는 유럽에서는 가급적 검색 엔진 및 블로그 이용을 피하고 이 앱을 활용해보자. 해외 여행 중 뭐 먹을지 도저히 결정하지 못할 때, 눈에 띄는 식당의 이름을 검색해보면 여행객들이 매겨놓은 식당의 별점과 순위를 볼 수 있다. 여행객들의 솔직하고 사실적인 평들도 읽어볼 수 있다. 여행 전 스마트폰에 앱을 다운 받아두면 좋다.

동네 구경,
반나절이면 완료

인이라고 불리는 강의 다리를 건너면 그 뒤로 큰 산이 보인다. 알프스 산맥이라 물이 깨끗해 교환학생으로 지내는 내내 음식 조리 시 수돗물을 식수로 사용하였다. 주변으로 늘어져 있는 건물들은 알록달록하다. 장난감 같은 이 마을에서 우뚝 솟아있는 요새에는 라푼젤이 살고 있을 것 같다. 다리 아래를 둘러보면 석회수 물이라 그런지 시커먼 강물을 볼 수 있다.

> TIP. 오스트리아와 스위스의 일부 지역에서는 알프스산맥을 공유하고 있다. 알프스 물이 나오므로 싱크대나 화장실 세면대에 나오는 물을 마셔도 무방하지만, 석회수임을 잊지 않도록. 석회를 걸러내고 싶다면 레몬을 동동 띄워보자.

도시가 아닌, 마을에 왔구나 싶었다. 다리를 건넌 후, 아기자기한 골목을 지나쳐 음식점과 카페가 늘어선 길목을 걸어보았다. 아이스크림 가게에는 할머니와 할아버지들이 삼삼오오 모여있었다. 생각보다 조용한 이곳에서의 생활

이 앞으로 어떻게 될지 무척이나 기대되었다. 너도나도 아이스크림을 먹고 있었던 쿠프슈타인 주민들 모습을 보니 나도 하나 먹고 싶어 가게에 들러보았다. 가격도 싸고 맛있어 보이는 종류들로 가득했다. 민트 초코칩 아이스크림을 손에 쥐고 다시 길을 나섰다.

아직 학기 시작 전 이라 가족과 함께 학교 구경을 하고자 갔을 때의 학교는 외부인들에게 개방되어있지 않은 상태였다. 충격적이었던 사실은 학교 건물이 한 채뿐이라는 것이었다. 앞으로 다닐 학교의 이름은 FH Kufstein이라고 한다. FH는 독일어 Fachhochschule의 줄임말로 응용과학 대학교라는 뜻이다. 오스트리아 티롤 주의 대표 학교이기도 하다. 학교 앞에는 넓은 잔디와 놀이터

■ 학기 시작은 10월 1일. 이날은 가족 여행 중이었으며 9월 15~17일 중에 학교에 들렀다.

그리고 카페가 있는데 전형적인 우리나라에서 볼 수 있는 학교라기보다 잠깐 배우고 가는 학원 느낌이 났다. 외국의 드넓은 캠퍼스에서 공부하는 환상을 가지고 있는 사람일 경우 실망할 만한 곳이다. 하지만 나에겐 이 조그마한 마을에 학교가 있는 사실조차 신기해서 귀엽게만 느껴졌다.

설마 학교가 이 건물 하나뿐이겠어? 라는 생각이 들어 그 당시 우리 가족은 학교 옆 건물 안으로 들어가 보았다. 1층엔 시립 도서관, 2층부터는 음악 연습실로 이루어진 건물이었는데 악기 수업 받는 아이들이 종종 보여 활기가 느껴졌다. 잠깐 들어가 본 도서관의 책들은 대부분 독일어뿐이었지만 영어 영화 DVD가 많이 있었다. 어디를 가도, 독일어를 모국어로 사용하는 오스트리아에서 영어를 만나게 되어 잠시나마 기뻤다.

학교에 나와서는 앞으로 내가 머무를 곳인 플랫 주변을 걸어보았다. 유럽의 시골 느낌이 물씬 나 좋았던 길. 이 집도 예쁘고, 저 집도 예쁘고. 집 구경하기에 여념 없었다. 플랫 반경 10분 이내에 위치한 푸르른 잔디가 펼쳐져 있는 곳에선 스위스를 만났다. 스위스와 오스트리아의 분위기가 비슷하다고 하는 이유를 알 수 있었다. 온통 초록한 들판 뒤로 보이는 산은 장엄했다.

내가 거주한 플랫을 소개합니다

플랫은 총 3층으로 이루어진 건물로 쿠프슈타인 내, 치안이 좋은 동네에 있었다. 1층과 2층에서만 교환학생을 받았고 3층에는 쿠프슈타인의 몇 주민들이 살고 있었다. 플랫 1층에는 네 개의 방이 있고 여자만 거주할 수 있었다. 반면, 2층에는 남자만 수용했다. 나는 플랫 1층의 한 방에서 룸메이트와 머물게 되었다. 나의 룸메이트는 같은 학교 출신이나 서로 다른 학과라 교환학생 생활을 통해 친해지게 되었다. 우리는 교환학생 오리엔테이션에서 처음으로 만났고 그 후 어느 날 페이스북에 올라온, 방을 함께 쓸 사람이 필요하다는 룸메이트의 글을 본 것이 계기가 되었다. 그 글을 보자마자 옳다구나 싶었던 나는 바로 룸메이트에게 연락을 취했다. 룸메이트의 흔쾌한 승낙으로 인해 우리는 그렇게 룸메이트가 되었다.

룸메이트는 꼼꼼하게 집주인에게서 받은 이메일을 나에게 보내주었다. 방 개수를 포함한 플랫에 대한 전반적인 설명과 지금까지 어떤 방이 차 있는지에 대한 현황을 볼 수 있었다. 이러한 정보를 통해 나는 플랫에 방 하나가 비어있다는 사실을 알게 되었다. 우연히 같은 지역에 교환학생으로 가게 된 같은 과 친구, 앨리스에게 이 사실을 전해주었다. 그녀는 다른 학교에서 오는 한국인 룸메이트와 함께 플랫에 살게 되었다.

이로써 플랫에는 방 두 개가 채워졌다. 남은 방 두 개 중 하나는 1인실로 한국인 친구가 이미 벌써 계약을 완료한 상태였다. 다른 하나는 멕시코에서 온 친구 모니카와 오스트리아 잘츠부르크에서 온 친구 넬리가 살았다. 이로써 플랫 1층에는 무려 다섯 명의 한국인들과 두 명의 외국 친구들이 부엌과 욕실을 공유하였다. 한 편, 플랫 2층에는 멕시코에서 온 친구 티토와 루마니아에서 온 라울이 함께 방을 쓰게 되었다.

겨울학기에 지원한 우리 학교 학생들은 시기상, 일 년 전에 이미 신청하게 되어있는 다른 학교 시스템에 뒤처져 기숙사에 다 떨어질 수밖에 없는 실상에 놓여있었다. 어쩔 수 없이 공용 욕실과 부엌이 있는 플랫 형태의 집을 구해야만 했었다. 이와 달리 나머지 다른 학교 학생들은 운 좋게 기숙사에 들어가게 되었다. 쿠프슈타인의 대부분 학생이 머무는 이 기숙사의 비용은 생각보다 높다. 1인실도 있고 발코니까지 있으면 한 달에 내야 하는 비용은 50만 원을 육박했다. 그만큼 시설이 잘되어있고 깨끗하지만 매일 밤 1층 로비에서 파티를 벌이는 외국인 친구들로 인해 잠 못 이루는 밤을 지새워야 한다는 단점이 있었다. 이와 반대로 플랫에는 여러 사람이 함께 공용 욕실과 부엌을 사용해야 한다는 단점은 있어도 학교와 가까운 위치에 있었다. 또한 비교적 합리적인 가격에 방을 구할 수 있었다.

TIP. 일반적으로 플랫을 구할 수 있는 경로는 다양하다. 인터넷에 올라온, 쿠프슈타인을 다녀간 사람들의 글을 통해 정보를 얻을 수 있다. 구글 사이트 내 검색을 통해 구해볼 수도 있다. 주로 학교에서 제공하는 방 구하기 사이트를 이용한다. 이때 집주인에게서 빠른 연락이 오지 않더라도 조급해하지 말자. 그리고 반드시 집 위치와 방 상태 사진을 잘 확인하여 천천히 예약할 것을 권장한다.

우리 동네 지킴이,
쿠프슈타인 요새

쿠프슈타인 동네 한 바퀴를 돌아보았으니 요새를 구경해보았다. 쿠프슈타인 대학교 학생증이 있으면 공짜라고 들었는데, 학생증 받기 전이라 국제학생증 할인을 받고 들어갔다. 시골스러울 줄만 알았는데 생각보다 매표소 및 기념품 가게는 세련되었다. 표를 구매한 후 초등학교 운동장만 한 광장에서 요새로 올라가는 케이블카를 기다렸다. 화장실 크기만 한 케이블카가 내려왔다. 케이블카에 올라탔더니 순식간에 요새에 도착하였다. 요새 위에는 그 어느 시멘트로 된 건물 하나 없이 오로지 옛것만을 보존하고 있었다. 우리나라는 옛것을 버리고 새로운 것을 지으려고 하는데 유럽은 새로운 것보단 옛것을 계속 지키고자 한다. 새로움에 익숙해져 있는 나에게는 그것이 어색하게만 느껴졌다.

요새의 종은 매일 토요일 정오마다 울린다. 그러나 종종 다른 시간대에도 울렸다. 오후 9시와 같은 뜬금없는 시간에 갑자기 한두 번 울리기도 해서 이 작

은 마을의 재미난 가십거리 하나 만들어주려는 듯했다. 종과는 별도로 매일 정오, 아름다운 오르간 연주가 요새에서 흘러나오는데 이는 세계 2차 대전의 전사자들을 기리기 위함이라고 한다. 그래서인지 멜로디가 그들이 흘린 눈물과 상처를 치유해주려고 하듯이 애달프다. 오르간 연주는 직접 요새 밑에서 한 할아버지가 연주하시는데 내가 쿠프슈타인에 머무는 동안 한 번도 틀린 적이 없으셨다. 오르간 소리는 플랫에서도 들을 수 있을 만큼 크게 들렸다. 역시 유럽 아니랄까 봐 이 작은 마을에서조차 음악과 인생의 교집합을 만날 수 있었다. 유럽인들의 일상은 음악으로 시작해 음악으로 끝나고 있었다.

평화로운 마을 이야기

　10월 어느 날, 날씨가 너무 좋아서 집 앞 카페에 있다가 산책할 겸 슬슬 걸어 보았다. 한국에 있었을 때보다 유럽에 와서 날씨의 소중함을 더 알게 되었다. 좋은 날씨는 날마다 오는 게 아니었다. 유럽에서 좋은 날씨를 본다는 것은 행운으로 느껴질 정도였다. 플랫에서 10분 거리에 위치한, 마치 영주가 살고 있을 것만 같은 시청 골목 사이를 가로질러 요새 앞 길목에 도착하였다. 그리곤 일요일 오후 카페에 앉아 휴식을 즐기는 사람들을 지나 그 골목 안으로 쭉 들어갔다. 관광지 명목으로 지어졌다는 건물답게 중세시대 분위기를 자아내었다. 순간 타임머신을 타고 과거에 온 듯했다. 평범한 벽이 아닌 꼼꼼한 그림이 그려져 있는 것으로 앤틱함마저 엿볼 수 있었다.

　가을이 가기 전, 강둑을 따라 걸어볼 수 있었다. 그런 기회를 잡을 수 있어

기뻤다. 시원하게 불어오는 바람의 내음에 절로 콧노래가 나왔다. 강물에 비친 하늘 한 번 보고, 고개 들어 구름 한 점 없는 하늘 두 번 보고. 길 따라 새록새록 자라난 잔디 위를 걸어보았다. 가을이 다 가고 있었는지 바닥에 낙엽이 우수수 떨어져 있었다. 다리 사이로 살짝 지고 있는 노을이 눈동자 안으로 들어왔다. 동화 속에 나올 법한 풍경에 놀라고 말았다. 너무 예뻤다. 겨울의 이 거리는 하얀 눈으로 인해 더 예쁘겠지 싶었다. 추운 겨울은 싫지만, 겨울이 빨리 왔으면 좋겠다고 생각했다. 계절에 상관없이 365일 동안 계속 아름다울 풍경과는 이미 사랑에 빠진 지 오래였다.

학교에서 생긴 일

대망의 오리엔테이션 첫날, 설레는 마음을 안고 강의실 자리에 앉았다. 알고 보니 한국인 교환학생이 나를 포함하여 무려 11명이었다. 학생들은 모두 총 네 군데 학교에서 왔고 다 여자친구들이었다. 여학생이 너무 많아서 깜짝 놀랐다. 한 외국인 친구가 한국인 남자친구들을 기대했는데, 한 명도 오지 않아 아쉬웠다고 전했다.

잠깐 둘러본 학교 로비에는 벽마다 제각기 다른 언어로 된 명언들이 적혀 있었다. 프랑스어, 독일어 그리고 러시아어까지 적혀있는 문장들의 뜻이 궁금해 구글 번역기를 돌려 몽땅 다 해석해보았다. 대체로 독창성을 강조하는 주제가 담긴 문구가 많았다. 기억에 남는 문구는 'No culture can live, if it attempts to be exclusive. (어떠한 문화도 독점적이고자 하면 살아남을 수 없다)'였다. 다양한 문화를 수용하고자 하는 쿠프슈타인 대학교의 뜻을 볼 수 있었다.

이어서 수업에 대한 소개가 이어졌는데 교수님들께서 모두 자신의 수업에 들어오라고 홍보하시는 듯했다. 여기서 수업은 학교에서 의무적으로 들어야 하는 것이 아니었다. 학원 수업처럼 선택적으로 들을 수 있는 홈쇼핑 상품처럼 느껴지기도 했다.

중간중간에 쉬는 시간이 여러 번 주어졌다. 여기 학교는 우리나라 학교와 다르게 쉬는 시간에 관대하다는 생각이 들었다. 또한, 느긋하게 일정에 따라가는 방식이 우리나라의 효율적인 시간 활용법과 달라 신기했다. 무엇이 옳다기보다는 이런 사고방식으로 살아도 삶에 지장이 없겠다는 사실을 서서히 병아리가 알을 뚫고 나오듯 이때부터 천천히 알게 되었다.

쉬는 시간마다 나를 비롯한 한국인들을 포함하여 동양인들은 주로 교실 안에 머물렀다. 주변을 살펴보니 서양권 친구들은 다 어디로 사라졌는지 교실에

한 명도 남아 있지 않았다. 학교 건물의 창을 통해 밖에 나와 있는 그들의 모습을 볼 수 있었다. 그들은 앉거나 일어서서 수다를 떨고 있었고, 담배에 집중하기도 하며 종종 넋을 놓고 있었다.

쉬는 시간이 끝나고 컴퓨터실로 가서 메일 계정을 만들고 접속을 하는 법을 배웠다. 유럽 와서 느끼는 거지만, 인터넷 속도 및 데이터망은 역시 한국이었고 인터넷에 능한 자 또한 역시 한국인이었다. 저녁 시간이 되어, 학교가 식사를 제공해주었다. 나를 포함한 한국인들 10명이 학교 식당의 안쪽 테이블에 다같이 앉게 되었다. 외국인 친구들을 사귀어야 하니까 오늘만 같이 앉고 다음 날부턴 뿔뿔이 흩어지기로 했다.

어느새 밤이 되어 쿠프슈타인 내, 하나 밖에 없는 바에서 2차가 이어졌다. 우리는 칵테일 한잔 들고, 쿠프슈타인 대학교의 다양한 사람들을 만날 수 있었다. 전세계의 여러 나라에서 온 이들이었기에 어디서 왔냐는 질문 하나만으로도 끊임없이 대화가 이루어졌다. 쿠프슈타인 대학교의 일반 정규과정을 듣는 친구들도 만나 잠깐 얘기를 나누는 것만 해도 좋은 경험이었다.

다음 날, 오리엔테이션 두 번째 시간에서는 수강신청 방법만을 알려주어 생각보다 훨씬 빨리 끝나버렸다. 몇 명의 한국인 학생들이 뿔났는데 이렇게 간단하고 금방 끝날 것을 어제 마쳐도 될 것을 왜 오늘까지 미뤘는가에 대한 의문을 가지고 있었다. 일리 있는 말이었다. 그러나 이러한 학교 행정 방식이 기분 나쁘지는 않았다. 그저 배시시 웃음만 나왔다. 빨리빨리 끝내고 진행하는 우리나라 식에 너무 익숙해 있는 우리는 조금 느리게 천천히 가는 환경에 살아볼 기회가 온 것이리라.

버디가 없는 버디 디너

그로부터 얼마 후 버디 디너이라고 해서 각자 나라의 음식을 해오는 포트락 파티를 개최되었다. 작게 기숙사 내 로비에서 진행되는 행사로 모든 교환학생이 참가를 하는 동시에 일반 정규과정을 다니는 학생들 또한 버디로써 참가했다. 한 플랫에 같이 사는 우리 한국인 5명은 함께 요리해가기로 했고 무엇을 해갈까 고민하던 중 불고기를 선택했다. 불고기는 일반적으로 외국인들이 좋아하는 음식이기에 그들의 입맛을 사로잡을 수 있다고 여겨졌다. 함께 장을 보고, 요리를 시작해 완성하기 전까지 우리는 기대에 가득 차 있었다. 우리 음식이 너무 맛있어서 외국인 친구들이 너도나도 우리 플랫에 놀러 오고 싶어 하면 어떡하지 라도 헛된 망상에 사로잡혔다.

한국에서는 손쉽게 불고기용 고기를 구할 수 있었지만, 오스트리아에서는

■ 버디(Buddy)는 교환학생에게 붙여지는 일반 학생이다. 학교마다 버디를 의무적으로 제공하는 곳이 있고 자율적으로 맡기는 곳이 있다. 쿠프슈타인의 경우 자율이었다. 그래서 내 버디는 끝내 나타나지 않았다.

달랐다. 인터넷 검색을 해본 결과, 독일에 사는 분을 통해 독일어로 린더브라텐이라고 하는 고기가 불고기용이 될 수 있다는 정보를 입수했다. 약 1.2kg을 산 후 플랫에 돌아온 우리는 본격적으로 요리를 시작하였다. 한쪽에서는 재료를 준비하고, 다른 쪽에서는 양념을 만들어 협업하였다. 이때 잠깐 룸메이트가 마늘을 다질 때부터 알아봐야 했는데 그녀의 음식을 만지는 솜씨는 신의 한 수였다. 어렸을 때부터 엄마로부터 요리를 배워 동생들에게 음식을 해주는 등 경력을 쌓아온 룸메이트였다. 그녀의 활약은 교환학생으로 지내는 동안 계속되었다.

플랫 한국인 멤버들 다섯 명이 만든 불고기가 완성되었다. 조금 덜어, 자리에 앉아 우리끼리 맛을 먼저 보았다. 냉동실에 넣은 밥 한 공기를 꺼내 같이 비벼 먹었더니 다섯 숟가락이 순식간에 뚝딱 해치웠다. 우리가 만들었지만, 너무 맛있었다. 나초와 곁들일 아보카도 소스를 완성한, 멕시코인 친구 모니카와 티토가 내려왔다. 마침 잘됐다 싶어 그들에게도 맛을 보게 했더니 그들 또한 맛있다고 전했다. 이 정도면 성공이었다. 우리는 불고기로 외국인 친구들을 꾀러 가자는 포부를 안고 성큼 디너 장소로 향했다.

큰 밥솥만 한 냄비를 들고 도착한 기숙사 로비에서는 세계 여러 나라의 음식이 한 곳에 모여있었다. 그러나 외국인 친구들이 해온 음식 중에는 주 요리라고 불릴 만한 게 없었다. 그들은 주로 간식 범위에 속하는 디저트류를 준비해왔다. 오직 우리 한국인들만이 요리다운 요리를 해왔다. 우리 플랫 멤버들이 불고기를 해왔다면 기숙사에 사는 한국 친구들은 닭볶음탕과 밥을 해왔다. 우리 쪽에서는 생각도 못 했던 밥을 해왔다는 사실에 놀라웠다. 밥솥을 가져오는 광경으로만 봐도, 클래스가 다른 친구들로 여겨졌다. 무엇보다도 밥을 좋아하는 나에겐 행복한 소식이었다.

외국인 친구들은 자기들 나라에서 쉽게 접할 수 있는, 어려서부터 즐겨 먹은 음식을 가져왔다. 유럽인 만큼 음식 종류도 다양했다. 오븐에서 피에로기를 꺼내는 폴란드 친구들, 빵 위에 살라미를 얹어 타파스를 해온 스페인 친구들 그리고 나초와 아보카도 살사소스를 만들어온 멕시칸 친구들. 저마다 가져온 음식에서 식문화를 엿볼 수 있었다. 대부분 디저트를 많이들 가져왔는데, 외국인 친구들을 보면 우리나라 한식과 같은 식사류보다 디저트를 만드는데 더 익숙해 있었다. 어려서부터 엄마 옆에서 조물딱 반죽을 만져본 그 기억 때문일까. 어찌 손이 더 가는 디저트 요리에 친근해 보이는 그들의 모습은 나에게 다소 생소하게 느껴졌다.

맛있는 음식들을 둥근 흰색의 접시 위에다가 잔뜩 담은 후 앉을 자리를 찾았다. 모르는 친구들 틈 사이로 앉게 되었는데 그들은 교환학생이 아니라 정규학생이었다. 대부분 독일에서 왔고, 오스트리아 출신 친구들도 있었다. 그중 쿠프슈타인이 속한 오스트리아 서부 지역인 티롤 주 태생인 친구와 자연스럽게 이야기를 하게 되었다. 그런데 이 친구, 영어를 잘하지 못했다. 마찬가지로 독일어를 못하는 나는 당황스러웠다. 그래도 열심히 몸짓하며 의사소통을 한 결과 성격이 좋은 친구임을 알게 되었다. 의사소통이 쉽지는 않았지만 재미있게 얘기했다.

그 친구에 대해 회상하자면, 나에게 얼굴색과 언어와 상관없이 대해준 친구였다. 그동안 내가 외국인 친구들에게 어떤 식으로 대했는지 다시금 돌아보게 해주었다. 교환학생으로 오기 전, 학교 영어신문사에서 일했었다. 영어로 활자를 대하는 만큼, 우리 학교로 온 외국인 교환학생들과의 교류를 중시 여겼는데, 그들에게 다가가는 법이 어렵게 느껴졌다. 내가 외국인이 되어보니 알겠더라. 누구에게든 그 사람 그 자체로서 대하고 일반적으로 하듯이 소통하면 되는 것이었다. 특별한 것이 전혀 요구되지 않았다. 역지사지를 통해 이제서야 외국인이 외국인을 대하는 법을 배우게 되었다.

독특한 수업 방식

쿠프슈타인 대학교의 수업 방식은 매우 특이했다. 우선 시간표부터 다르게 운영되고 있었다. 일반적으로 대학교에서는 월요일과 수요일에 수업이 잡혀 있으면, 그대로 매주 수업이 이루어진다. 하지만 여기서는 교수님 마음대로 수업이 진행되고 있었다. 격주로 운영하는 수업이 있는 것은 물론이요, 일주일도 아니라 단 5일에 걸쳐 끝나는 수업도 있었다. 심지어는 수업 날짜가 심각하게 띄엄띄엄 있어서 10월, 11월에 몇 번 수업했던 것이 12월을 건너뛰고 1월 말부터 재개해서 2월 초에 끝나기도 했다. 정말 다이나믹했다. 이러한 일정이 정해지는 대신, 수업 시간은 정말 길었다. 한번 시작하면 늦게까지 이어져 하루 수업이 있는 날이면, 종일 학교에 머물러야 했다. 대체로 다섯 시부터 열한 시까지 이루어지는 수업이 많았는데 저녁 시간대가 포함되어있어 종종 식사 때문에 골머리를 앓았었다.

개인적으로 들었던 수업 중 가장 기억에 남은 몇 가지를 뽑자면 먼저 팀 워크와 커뮤니케이션이라는 수업을 들 수 있다. 이 수업을 통해 글 외에 그림이라는 다른 도구가 가르칠 때 유용하게 쓰일 수 있다는 점을 깨달았다. 사실 단순히 글만을 통해서 가르치는 것을 일반적으로 보아온 나에게는 그림을 그려가며 진행되는 이 수업이 충격적으로 다가왔다. 교수님께서는 컴퓨터를 한 번도 사용하지 않으셨고 오직 그림으로만 설명하셨다. 그림으로 모든 것을 표현할 수 있다는 점이 낯설게 느껴졌다. 요즘 우리나라 초등학교에서도 찾기 힘든 방식이었다. 나중에는 내가 스스로 그림을 그리면서 배운 걸 익히고 남들에게 보여주는 시간을 가졌다. 이렇게 천천히 시간을 갖고 그림을 통해 배움으로써 좀 더 내용과 친해질 수 있었으며 오랫동안 기억에 남았다.

　두 번째 수업은 꼬박 이틀 동안 진행되었던 과정으로 에너지 공학 전공인 정규 학생들을 위한 수업이었는데 이들과 친해질 수 있어서 좋았다. 빈에서 온 베니와 쿠프슈타인의 하키 선수로 활동하고 있는 맥스는 누가 봐도 장난기 많은 남학생이지만 내가 수업에 잘 적응할 수 있도록 도와주었다. 나중에는 같이 프로젝트를 하게 되었는데 한 번쯤 빠질 줄 알았던 그들이 열심히 수업에 참여하여 다시 한번 그들을 본 계기가 되었다. 정규 학생들과 보낸 시간은 결코 잊지 못할 것이다.

　마지막으로 파이낸스와 컨트롤이라는 수업 첫 시간에도 그림 그리기 시간을 또 갖게 되었다. 미술 수업이 아닌 경제 수업이었는데 수업 중 오로지 그림으로만 경제 개념을 표현하라는 숙제가 내려졌다. 구체적으로는 외부 회계와 내부 회계의 관계와 무엇이 경제를 조정하는지를 그림으로만 나타냈어야 했다. 한국에서 달달 외우기만 했지, 한 번도 경제 개념을 스토리로 연관 지어 생각해본 적이 없었던 나에겐 신선한 팀 프로젝트였다. 반 전체가 우왕좌왕할 줄 알았는데, 다들 착실히 각기 다른 방식으로 표현해냈다. 우리 조 안에서는 칠레에서 온 친구 디에고가 큰 활약을 해주었다. 라트비아에서 온 친구 크리스티나와 나는 디에고가 낸 아이디어에 힘을 실어 열심히 그림을 그렸고, 그렇게 우린 멋진 배 그림을 완성할 수 있었다. 날씨 관측과 배 운전하기 등 배 안에서 이루어지는 일들을 통해 외부와 내부 경제 관계를 보여주었다. 나중에 우리는 우리가 완성한 그림에 푹 빠지신 교수님을 발견하였다.

전반적으로 인상 깊었던 점은, 유럽 학생들은 대학을 임시로 학문을 배우기 위해 거쳐가는 장소라고 인식한다는 점이다. 유럽의 대학은 자율을 강조했다. 가르치는 방식도 주입식 방법이 아닌 스스로 찾고 익히는 방식이었다. 학교 수업을 들으며 필기에만 급급한 한국 학생들과는 달랐다. 특히 교수님의 말씀을 듣고 바로 적용하기보다, 이에 대해 의문을 갖고 반박하거나 또 다른 의견을 자유롭게 제시할 수 있다는 점이 신선하게 다가왔다.

한식으로 맺어진 인연

학교 수업이 없는 토요일 아침, 플랫은 물을 트는 소리, 재료를 다지는 소리 그리고 중간중간에 수다 떠는 소리로 분주했다. 룸메이트의 지도로 나, 멕시코 친구 티토 그리고 대만 친구 미니는 재료를 썰고, 나오는 접시마다 설거지했다. 수업 없는 일수에 맞춰, 다 같이 장을 보고 한식 요리를 해 먹게 되었다. 요리 메뉴는 닭볶음탕으로 정했다.

요리법 한 번 안 보고, 완성을 위해 거침없이 달리는 룸메이트의 단독 연주가 시작되었다. 옆에서 우리는 떠드느라 여념이 없었다. 서로의 사진도 찍어주고, 지난주에 무슨 일이 있었는지 얘기하며 무엇이 그렇게 재미있는지 별 얘기를 안 해도 주말 아침 모여있다는 사실만으로도 신이 났다. 날씨는 따스했으며 2층 부엌 창을 통해 들어오는 햇볕은 따뜻하게 우리의 얼굴을 쓰다듬어 주었다.

요리가 완성되었다. 수고한 룸메이트를 위해 모두 박수갈채를 보냈다. 닭볶음탕 완성과 동시에 밥솥도 시끄러워졌다. 때마침 밥도 다 된 것이었다. 고슬고슬 지어진 하얀 쌀밥 위에 붉은 국물과 닭 다리 살을 얹어 먹었다. 각기 살아온 환경이나 방식이 다르나, 이때는 같은 방식으로 식사에 임했다. 우리는 포크와 나이프를 무기 삼아 냄비의 바닥이 드러날 때까지 전투적으로 먹어 치웠다.

티토는 멕시코에서 온 친구로 같은 플랫의 2층에 살고 있다. 티토에게는 세 개의 이름이 있고 그중 티토라는 이름은 자신의 동생이 어렸을 때부터 자신의 이름을 제대로 발음하지 못해 생겨난 별명이라고 했다. 티토는 허물없는 성격의 소유자로 때때로 진중한 모습을 보이기도 하며 다른 문화에 대해 개방적인 사고방식을 가지고 있었다. 뭐니 뭐니 해도 티토하면 언어 능력 이야기가 빠져서는 안 되었다. 룸메이트가 티토에게 우리나라 말을 여러 개를 가르쳐줬는데, 오랫동안 그것을 외우고 있었으며 발음 또한 정확했다.

룸메이트의 가르침으로 '안녕히 계세요'와 '안녕히 가세요'의 차이점을 명확히 구분하는 티토는 한식도 잘 먹었다. 우리는 요리사 룸메이트 덕분에 격주에 한 번 이상 훌륭한 요리를 먹을 수 있었다. 물론 티토도 1층 부엌으로 초대되어 자주 함께 먹었다. 어느 날 문득 보니, 티토는 한식 종류 중 안 먹어본 것이 없었다. 칼국수, 카레, 김밥, 라면 그리고 김치까지. 이와 동시에 아무렇지 않게 티토에게 다양한 한식을 시도하게 하는 룸메이트와 나를 발견했다.

하루는 한국에서 친구가 독일의 한국 식품 사이트를 통해 보내준 한식 재료 중 불닭볶음면을 꺼내 티토에게 한국의 맛을 도전해보지 않겠냐고 제안했다. 멕시코에도 매운맛이 있다고 들었다. 이 한국의 매운맛도 질 수 없다며 내보인 것이었다. 두 나라 사이의 보이지 않은 승부였다. 티토는 승부 제안을 받아들였다. 사실 매운 것을 잘 먹지 못했던 나는 소스는 반으로 줄여 조리하였다. 익힌 면 위에 소스를 휘리 뿌리니 순식간에 음식이 완성되었다. 복잡한 요리를 좋아하지 않는 티토는 놀라움을 감추지 못했다. 한국 레토르트 식품의 우수성을 뽐낼 수 있었던 시간이었다. 수많은 한식 경험으로 다져있었던 것일까. 티토는 깨끗이 접시를 비웠다. 소스 반만 넣었는데도 우리 둘 다 매워서 면 위에 치즈를 아낌없이 뿌려 먹었다. 치즈로도 부족해, 마무리로는 티토가 가장 아끼고 사랑하는 멕시코산 위스키로 혀의 얼얼함을 달래주었다. 이후에 티토는 불닭볶음면이 마음에 들었는지, 불닭볶음면 노래를 불렀다. 발음하기도 힘든 불닭볶음면 이름을 외우려고 노력했다. 여름 방학이면 한국에 오겠다는 티토가 한국에 온다면 불닭볶음면만 찾는 것이 아닐까 모르겠다.

■ 독일의 한국 식품 사이트로는 Kmall과 Kjfoods라는 두 개의 사이트가 있다. 독일 프랑크푸르트와 뒤셀도르프에서 한국 식품을 배송해주는 곳으로 유럽에서 비교적 저렴하게 다양한 종류의 한식 품목을 살 수 있다. 스위스 외 전 유럽 지역에 배송할 수 있다고 한다. 배송비가 부담된다면, 같은 지역 혹은 같은 집에 거주하는 한국인들을 꾀어볼 것.

축구 경기 관람

닭볶음탕으로 똘똘 뭉쳐졌던 날 축구 경기 관람을 하게 되었다. 그 당시 플랫 2층에 살고 있었던 지역 축구선수 레이먼드가 부엌에 들어와, 자신이 출전하는 축구 경기에 티토를 초대했다. 그 옆에 있었던 우리는 덩달아 초대받았다. 돈을 내야 하는 경기를 공짜로 보게 된 셈이었다. 이 작은 마을의 유일한 경기장을 구경할 기회도 놓칠 수 없었다.

구글 지도를 살펴보니 경기장과 집 사이의 거리는 생각보다 가까웠다. 지도 없이 자전거를 타고 달려온 친구들은 경기가 시작된 이후에서야 얼굴을 보였다. 경기장 정문 앞으로 가보니 티토의 연락을 받고 온 리투아니아에서 온 밍가일레가 티토와 담소를 나누는 중이었다. 매표소에서 레이먼드의 초대권을 받고 왔다고 말하고, 관중석으로 향했다.

실제로 외국인 축구를 관람한 적은 이번이 처음이었다. 유럽인들의 체구는

확연히 달랐다. 고백하자면 축구 경기보다 그들의 체구에 집중해서 관람했다. 심판위원의 뒷모습마저 어찌 마음을 흔드는지. 말로만 듣던 태평양 같은 어깨를 눈으로 직접 확인할 수 있었다. 경기 도중 관람석에서는 아이들이 나타나 프레즐을 팔았다. 어른들이 시킨 걸까? 귀여워 죽겠더라. 손에 고양이 인형을 든 채 형과 누나들의 뒤를 졸졸 따라다니는 아이가 제일 귀여웠다.

경기장 안에서는 맥주를 판매하고 있었다. 맥주와 경기 관람은 환상의 짝꿍이 아닐 수 없다. 그도 그럴 것이 맥주의 도수와 함께 사람들의 응원 소리, 욕하는 소리 그리고 환호하는 소리의 데시벨이 올라가고 있었다. 중간중간에 선수가 잘 못 할 경우, 몇 사람들은 종종 윽박질렀다. 축구경기에는 인종과 종교가 없다더니. 축구 선수들을 향해 흥분하는 우리나라 사람들이 생각났다. 관람석에는 스무 명 남짓 되는 사람들이 앉아있었지만 그들의 우렁찬 소리는 공을 차고 땀 흘리는 선수들의 소리와 뒤섞여 경기장을 울렸다. 마지막 골을 레이먼드가 장식해 2대 0으로 레이먼드가 속한 FC Kufstein팀이 이겼다. 동네에서 유명한 축구선수라고 하더니, 실력 역시 출중함을 확인할 수 있었다.

경기 끝난 후 집으로 향하는 길. 해가 지고 있는 배경의 경기장을 보며 쿠프슈타인에 태어나면 좋았겠다 라는 생각이 들었다. 잔디 위, 방금 뜨겁게 경기장을 달궜던 축구공을 가지고 노는 아이들로부터 자유로움을 보았다. 그 모습을 지켜보는 이들로부터는 여유를 배웠다. 경기 후 씻고 나와 상대 팀을 기다리는 다른 팀 선수들로부터는 승패에 대한 너그러움과 한 수 배웠다는 느낌을 얻었다. 그러한 환경이 눈에 들어왔고, 간접적으로나마 경험할 수 있어 좋았다.

고기 없는 미역국과
단무지 없는 김밥

유럽에서 맞이하는 나의 생일이 다가왔다. 생일 당일 날, 침대에서 꾸물대는 것을 생략하고 벌떡 일어났다. 오늘만큼은 부지런해지고 싶었다. 내 생일이니까 나를 위한 한식상을 나름 훌륭하게 차려 먹고 싶었다. 플랫에 있는 모든 이가 곤히 꿈나라에 있는 사이, 밥을 씻어 안친 후 미역을 불렸다. 창문 밖에서 지저귀는 새가 나의 독주를 응원해주는 듯했다.

오랫동안 아껴왔던 참기름이지만, 이번만큼은 넉넉히 냄비에 두른 뒤 미역을 볶았다. 투명한 연기와 함께 올라오는 고소한 냄새는 코끝을 향긋하게 자극했다. 이 고소한 냄새가 온 방으로 퍼졌는지 문 여는 소리가 나더니 룸메이트와 같은 과 친구 앨리스가 동시에 들어왔다. 서로 도와주겠다는 친구들 덕분에 미역국이 순식간에 완성되고, 김밥 재료 준비도 완료되었다. 내 생일을 위해 요리해주고 싶어 하는 친구들이 틈을 보일 때, 비닐장갑을 손에 끼워 직접 김밥을 싸보겠다는 포부를 보여 주었다. 내가 해보겠다고 큰소리를 뻥뻥 쳤지만 사실은 난생처음으로 김밥을 싸보는 날이었다. 김밥 만드는 엄마의 모습을 옆에서 지켜보기만 했지, 한 번도 손수 만들어본 적이 없었다. 김밥 만들기가 이렇게 어려울지는 몰랐다. 터지기 일보 직전인 김밥을 마느라 애쓰고 있으면, 요리의 신 룸메이트가 옆에서 끊임없이 조언을 해주었다. "마사지하듯이 부드럽게 터지지 않도록," "밥은 골고루 분포시키자." 점점 모양새가 갖춰지는 김밥에서 더할 나위 없는 기쁨을 얻었다. 나도 김밥을 만들어 소풍 갈 수 있겠구나 싶었다.

동글동글하게 완성된 김밥을 먹기 좋게 룸메이트가 썰어주었다. 혼자 보낼 줄 알았던 아침 생일상 차리기를 친구들과 함께해서 외롭지 않았다. 김밥 속에 든 재료는 얼마 없었지만, 처음으로 만들어서 그런 걸까 계속 손이 갈 만큼 맛있었다. 단무지가 없어 대신한, 소금에 절인 오이와 햄이 짭짤함의 역할을 제대로 해주었고 고기 없는 미역국은 국물 역할을 톡톡히 해주었다. 내가 나에게 준 뿌듯한 생일상 차림이었다.

뒷동산 하이킹

아침 식사 후 학교에서 하는 운동 프로그램 중 목적으로 하이킹을 갔다. 학교 사이트에서 참석 버튼을 누른 친구 중 반 이상이 오지 않았음을 깨달았다. 매주 금요일 밤 벌어지는 파티의 여파 때문이었으리라. 하이킹에 온 기숙사 사람들은 전날의 파티 소리에 잠을 못 잤다고 불평했다. 주말 아침이라 집에서 쉬고 있을 줄 알았던 티토가 뛰어와 합세했다.

교환학생으로 온 친구들과 함께할 수 있는 시간이라 좋았는데 웃고 떠드는 것도 잠시, 산이 가파르기 시작하고 등산 시간이 길어지자 점차 조용해졌다. 이게 말로만 듣던 유럽의 산인가 싶었다. 갈 때마다 몇 km라고 쓰여 있는 우리나라의 친절한 표지판은 바라지도 않았다. 몇 분 후 도착하는지, 그것만이라도 알고 싶었는데 지도 선생님도 모르시는지 묵묵히 걸어갈 뿐이셨다. 중간중간에 쉬는 시간이 주어지면, 물을 마시기 바빴다. 물을 적게 싸서 갔던 터라 여러

번 티토에게서 물을 빌려 마셨다.

드디어 정상에 도착하였다. 정상에는 조그만 오두막 레스토랑이 산 위에 걸쳐있었다. 이곳에서 막걸리 대신 여기 스타일로 따뜻한 와인 한 잔을 들이켰다. 독일어로 글루바인이라고 하는 이 와인은 단돈 5유로로 레몬 혹은 오렌지를 넣고 끓여 진한 과일 향이 났다. 두 손으로 따뜻한 머그잔을 꼭 쥔 채 한 모금 꿀꺽 마시고 음미하며 천천히 주변을 둘러보았다. 울긋불긋 초록빛이 나는 잎 사이에서 빨간빛과 노란빛이 눈에 띄었다. 푸른 산은 알록달록 주황빛의 옷을 입고 있었다.

곧이어 음식이 나왔다. 우리나라의 칼국수 면이 생각나는 파스타와 감자 샐러드로 허기를 달랬다. 어쩜 하나도 안 짜고 맛있는지 순식간에 먹어 치웠다. 다 먹고 난 후엔 친구들과의 인증사진도 놓치지 않았다. 함께 올라와서 맛있는 한 끼 먹은, 이 순간만큼은 오래 기억하고 싶었다.

올라갈 때와 달리 내려갈 때는 산을 천천히 타고 내려왔다. 피곤함을 못 이겨 걷는 와중에 졸음이 자꾸 쏟아졌다. 친구들과의 작별 인사를 제대로 못 한 채 집으로 돌아와 침대에 벌렁 누워버렸다. 한국에서도 타지 않았던 산을 타서 그랬던 걸까. 오랜만에 만난 산은 낯설었으며 산과 친해지지 못한 후유증은 온통 몸으로 왔다. 허벅지는 터질 것같이 아팠고, 발은 퉁퉁 부어올랐다. 침대에 누워 천장을 보니 산에서 보고 온 주홍 나무들이 떠올랐다. 다음 주부터 기온이 뚝 떨어지고 벌써 눈 온다는데 어쩌나 싶었다. 단풍나무 한 번 더 보고 싶었는데… 떨어지는 낙엽에 대한 걱정을 하다 잠에 곯아 떨어져 버렸다. 그렇게 나의 생일은 끝나가고 있었다.

한식 위주의 생일파티

내 생일은 끝났지만, 생일 주의 금요일에 친구들을 초대하여 생일파티를 하기로 했다. 내가 주최하는 것이니까 친구들의 만류에도 불구하고, 음식 재료를 사기 위해 혼자 장을 봤다. 플랫에 같이 사는 한국인 친구들 네 명을 포함하여, 멕시코인 친구들 티토와 모니카 그리고 루마니아에서 온 라울을 초대하였다. 학교 친구들인 불가리아인 친구들 파니와 테레사 그리고 버디 디너에서 만난 오스트리아 친구들도 초대했다.

이번 요리 주재료는 사우어크라우트라고 불리는 양배추 절임이었다. 잘게 썬 양배추를 발효시켜 만들어 시큼한 맛이 나는 것으로 어느 마트에서든 1유로도 안 되는 가격에 살 수 있었다. 김치가 귀하기 때문에 김치 대신 이 사우어크라우트를 쓰게 되었다. 하지만 사우어크라우트는 아주 쓰기 때문에 사우어크라우트전은 기괴한 맛을 냈다. 사우어크라우트 부대찌개도 알 수 없는 찌개가 되고 있었다. 이때 앨리스가 한국에서 가져온 김치찌개 소스를 가져와 넣었고, 그와 동시에 룸메이트가 라면 수프를 투척했다. 김치 맛이 나는 그럴싸한 찌개가 완성되었다.

한국인 친구들은 고맙게도 따로 부탁하지 않았는데도, 두 팔 걷고 요리를 도와주었다. 실패한 사워 크라우트전을 보완하고자, 친구들이 감자를 들고 나서서 훌륭한 맛을 자랑하는 감자전 여러 장을 구워냈다. 계란말이 종목을 맡아 거침없이 불 앞에서 계란을 마는 룸메이트, 감자를 가는데 온 힘을 다 쓴 앨리스의 룸메이트와 혼자 방을 쓰는 친구 연이 그리고 옆에서 재료 준비와 음식 플레이팅에 힘써준 앨리스. 그들 모두가 있었기에 성공적으로 음식 준비를 마칠 수 있었다. 이렇게 해서 사우어크라우트전, 사우어크라우트 부대찌개, 계란말이, 감자전 그리고 치즈 크래커가 완성되었다.

불가리아 친구들이 붉은 와인 빛이 도는 목도리를 선물로 주었고, 멕시칸 친구 티토는 와인을 준비해주었다. 그리고 한국인 친구들은 몰래 큰 케이크를 준비해 촛불을 붙여 나왔다. 다 같이 서프라이즈 생일 축하 송을 불러주는 데 정말 감동이었다. 언제 또 케이크를 준비했는지…. 유럽에 와서 조각 케이크는 먹어봤어도 롤케이크는 처음이었다. 친구들이 준비해줘서 그런지 훨씬 더 맛났다.

외국인 친구들은 모두 우리가 준비한 음식을 맛있어했다. 제일 맛있었던 게 무엇인지 물어보았더니 친구들이 만든 계란말이와 감자전이 후보에 올라왔다. 내가 만든 사우어크라우트전과 사우어크라우트 부대찌개를 지목한 친구들도 있었다. 파니와 라울은 찌개를 밥에다 비벼 먹었던 게 맛있었다고 꼬집어 말했다. 어쩌면 얘네 한국인일지도 몰라.

한식과 함께 다 같이 무려 와인 10병을 비웠다. 한 명당 한 병씩 마신 꼴이다. 든든히 배를 채운 후 게임을 시작하였다. 우리나라 술 게임을 알려주다가 재미없어진 우리는 곧바로 진실게임을 진행하였다. 와인으로 달아오른 우리의 얼굴처럼 너도나도 말하는 진실에 분위기가 후끈 달아올랐다. 서로의 환경은 다르지만, 한식을 통해 다져진 우리의 인연은 밤과 같이 점점 깊어지고 있었다. 창을 통해 우리를 비춰주는 달은 오늘따라 더 동그랬다.

Special.
오스트리아에서 한식녀로 살아남기

　요리와 담을 쌓고 지냈던 내가 요리와 이렇게까지 친해질지 몰랐다. 유럽에 와서 제일 먼저 알게 된 나 자신의 특징은 바로, 한식을 먹지 않으면 아무것도 먹지 못한다는 것이었다. 직접 계산을 해본 결과, 사흘에 한 번 한식을 먹지 않으면 밥맛이 뚝 떨어지는 기이한 현상이 왔다. 이로써 전형적인 한식파임이 증명되었다. 이런 내가 어떻게 유럽 오스트리아에서 살아남았는지 궁금하실까 하여 살짝 특집 편을 추가해보았다.

　먼저 요리에 있어 가장 중요한 재료인 마늘과 파를 직접 다질 필요가 전혀 없었다. 오스트리아 마트 냉동실 칸에서 다진 마늘, 다진 파 그리고 심지어 다진 생강을 발견했다. 이 사실을 교환학생이 끝날 즈음 뒤늦게 알게 되었다. 항상 마늘 다지고 나면, 손에 마늘 냄새가 오랫동안 배어 있었는데 그럴 필요가 없었다. 안타까운 발견이 아닐 수 없었다. 옥수수도 발견했다. 반가운 나머지 사진 한 장 남기고 담에 쪄먹어 봐야지 했었는데 끝내 실천으로 옮기지 못해 맛이 어떨지 모르겠다. 옥수수에 이어 고구마도 발견했다. 한 플랫에 같이 사는 잘츠부르크 출신 넬리에게 여기 사람들도 고구마를 먹는지 물었더니 원래는 안 먹었는데 고구마 먹는 게 유행이 되어 약 2~3년 전부터 수입되기 시작했다고 한다. 옥수수도 비슷한 맥락에서 온 것이었다. 음식 세계화의 살아있는 예였다.

10월 중 상한 소고기를 먹고 식중독에 걸린 적이 있었다. 소고기를 이틀 넘게 냉장고에 넣은 것이 화근이 되었다. 아무래도 일곱 명이 같이 쓰는 냉장고라 문을 여닫는 게 빈번해서 상해지기 쉬웠을 테였다. 무려 4일 내내 아팠고, 첫 이틀 동안은 병원에 다녀온 후 아무것도 먹지 못했다. 몸이 좀 괜찮아진 후에는 흰죽을 끓여 먹었는데 이때도 요리 솜씨를 좀 뽐냈었다. 김치죽도 끓여보질 않나 계란죽도 시도해보았다. 밋밋한 흰죽이 싫었다. 이날 이후 고기 보관은 필시 무슨 일이 있어도 냉동실에 넣었다.

한국에선 라면조차 못 끓였던 내가 여기선 밥도 뚝딱 잘 짓게 되었다. 생존력 때문일지도 모르겠다. 플랫 한국인 친구들끼리 돈을 모아 30유로로 주고 산 전자레인지용 밥솥으로 밥해서 먹었다. 쌀과 물을 넣고 전자레인지에 돌리기만 하면 금방 밥이 완성되었다. 갓 지은 밥과 함께 호박, 소고기, 감자 그리고 양파를 썰어 넣은 된장찌개를 떠먹으면 그 어떠한 말도 필요 없다. 다시 한번 말하지만, 난 이곳에 와서 숨은 요리 재능을 발견했다.

유럽에 오면, 자주 과일을 사 먹기를 권장한다. 우리나라 과일 가격에 비해 훨씬 싸고 맛있으니 본전을 뽑고 가시길. 과일 중 제일 먼저 생각나는 종류로는 감과 홍시가 있다. 달고 맛있으며 이상하게도 씨가 없다. 또한, 술도 가까이 할 것. 오스트리아에서 소주로 통하는 슈납스는 진한 위스키 같다가도 끝 맛은 달다. 마트에서 흔히 파는 에델바이스 맥주는 오스트리아 잘츠부르크 출신이다. 오스트리아산 와인도 유명하다. 마트에 장 보러 갈 때마다 수많은 오스트리아산 와인을 볼 수 있어 지레짐작하곤 있었다. 실제로 오스트리아산 와인은 유럽에서 제일 엄격한 법규 아래 생산되고 있어 최상의 품질을 자랑한다. 프랑스나 이탈리아 못지않게 오래 전부터 포도를 재배해왔다고 한다. 특히 백포도주를 가장 많이 생산하고 있다. 마트에 갈 때마다 이 많은 백포도주를 언제 다 마셔보나 싶어 행복한 고민에 빠졌었다.

약 5개월간 머문 쿠프슈타인에서 장 보는 것이 확실히 익숙해졌다. 처음 마트에서 장 본 날, 이게 뭐지? 고개를 갸우뚱거리며 구글 번역기를 한참 돌려봤었다. 시간이 지난 후, 보자마자 쑥쑥 집어 담는 나 자신을 발견했다. 새로운 걸 봐도, 그림과 독일어를 통해 대충 무엇일지 감도 생겼다. 지난날, 열심히 찾아보고 공부한 노력이 있었으리라. 나 자신에 으쓱하다가도 문득 시간의 흐름에 겁이 났다. 익숙해졌다는 것은 또 다른 의미를 뜻하니까. 벌써 한국으로 돌아갈 시간이 왔구나 싶었다. 그렇게 매일 하루를 장 보는 것으로 시작했다. 쿠프슈타인에서의 소중한 시간을 음식 속에 봉인하듯 넣고 싶은 마음에.

■ 오스트리아에서 와인 및 샴페인 한 병의 가격 범위는 3유로에서 10유로까지로 비교적 저렴하다. 우리나라에서는 3만 원부터 10만 원을 웃도는 와인 한 병이 이곳에서는 평균 오천 원밖에 하지 않으니 마셔보지 않을 수 없었다. 잠시 유럽에 머무는 동안에는 와인 마시기를 취미로 가져보자.

제3부
교환학생만이 할 수 있는 여행 I

혼자 떠난 스위스에서의
달콤 쌉싸름한 추억

뒤죽박죽인 수업 시간표로 인해 주말이 낀 3박 4일의 휴일이 생겼다. 뭘 해야 할지 고민하며 숙박 애플리케이션에 들어갔다 나왔다 하다가 휴일 이틀 전, 스위스 인터라켄에 위치한 숙소 예약을 질러버렸다. 아무런 일정이 짜여있지도 않은데, 숙소 예약을 확정해버리니 준비가 다 되어있는 듯한 느낌이 들었다. 후에 인터라켄에 다녀온 룸메이트에 의하면 인터라켄에 위치한 호스텔은 잘 되어있다고 한다. 그런 환경에서 호텔을 골랐다. 그 이유는 플랫에서 일곱 명이 같이 쓰는 공용 화장실과 부엌의 북적대는 복잡함을 피해 혼자만의 시간을 갖고 싶었기 때문이다.

이로써 나 혼자서 스위스로 떠나게 되었다. 그것도 처음으로 혼자서 유럽의 한 도시를 여행하는 것이었다. 준비를 하나도 하지 않았는데도 설레는 마음이 들었다. 10월 초여도 스위스는 춥다고 생각되어 옷을 바리바리 싸서 작은 캐리어에 담았다. 실제로는 융프라우요흐 외 다른 곳은 생각보다 춥진 않았다. 그래도 혹시 모를 대비를 위해 흡사 겨울 여행을 준비하듯 옷가지를 챙겼다.

잠깐 들린 인스브루크역에서 맥도날드 커피 한 잔 마시고, 다시 기차에 올라타 취리히로 향했다. 취리히역에서는 잠시 바깥 공기를 쐬지도 못하고, 갈아타는 기차를 놓칠세라 재빨리 또 다른 기차를 탑승했다. 베른으로 가는 기차였다. 베른역에서 인터라켄역으로 갈 때까지 기차는 모두 2층 식으로 되어있었다. 처음으로 만나는 2층짜리 기차라 신기했다. 도착지인 인터라켄에 다다를 동안 창밖 모습을 계속 보고 있다가 기차 안 붙어 있는 스위스 지도를 보며 여행 벼락치기 공부를 했다.

이로써 무려 3번의 환승을 거쳐 인터라켄에 도착하였다. 지겨워 죽는 줄 알았다. 스마트폰은 쓰리심이 없어 데이터가 되지 않았다. 물론 와이파이도 잘 안되어있으므로 오랜만에 독서 삼매경이었다. 취리히에서 인터라켄으로 갈 때는 산을 넘는지 속이 메슥거리고 현기증이 났다. 기차 안 이등석 칸을 선택한 후 자리를 지정하지 않아 모르는 이들과 줄곧 합석하였다. 그들과 잠시 나눈 수다는 심심함을 약간 덜어주었다. 홍콩에서 온 아주머니는 홀로 여행하는 한국의 젊은 여자들을 많이 봤다며, 나의 첫 홀로 여행을 응원해주었다. 그녀 또한 만류하는 남편을 두고 스위스 여행기에 오른 나홀로 여행객이었다.

스위스 여행 시 유일한 나의 여행 파트너는 교환학생으로 떠나는 나를 위해 동생이 선물한 비모라는 캐릭터 인형이었다. 줄곧 여행 시 들고 다녔다. 살짝 지은 비모의 미소는 때때로 혼자 여행의 외로움을 덜어주었다.

인터라켄의 첫인상

　7~8시간 만에 인터라켄에 도착하였다. 도착하고 나서 보니 인터라켄의 크기는 예상외로 작았다. 인터라켄 서역의 분위기는 건물 몇 개를 제외하면 시골 느낌이 강했다. 그렇기에 쿠프슈타인 동네가 저절로 생각났다. 배경의 산들이 좀 더 큰 것 빼고는 쿠프슈타인의 느낌과 매우 비슷했다. 그래서인지 알프스 산맥의 하이디가 살 것만 같은 이 작은 마을에 대한 느낌이 좋았다. 내가 예약한 숙소는 인터라켄 서역에 위치한 곳이었다. 곳곳에 모여있는 호텔들 뒤에서 뒷짐을 지고 서 있는 거대한 산을 향해 걸어갔다.

> TIP. 스위스에서 숙소 잡는 이야기를 잠깐 하자면 한 곳에 머무르기보다 여러 곳에서 지내보기를 고려해보자. 스위스 내, 도시 간의 이동 시간이 적고 교통편이 잘 되어있기 때문에 베른, 루체른 등등 다양한 곳에서 숙박할 기회가 열려있다.

공기가 좋고 물이 맑은 스위스가 한눈에 들어왔다. 전체적으로 마을 분위기
는 평화로웠으며, 빠르게 지나가지 않고 보행자를 배려하며 여유롭게 자전거
를 타는 여행객들로 가득했다. 파란 하늘을 들여다보니 맑은 날씨 아래 패러글
라이딩을 하는 사람들도 보였다. 여행지에 왔음을 크게 실감했다. 무엇보다도
관광지 곳곳에 보이는 한국어 간판과 간혹 귀에 들리는 우리나라 사람들의 한
국말은 동유럽과는 다른 이곳 분위기를 자아냈다. 바로 이곳이 세계적인 관광
지임을 다시 한번 상기했다.

숙소에 짐을 푼 후, 인터라켄 서역 쪽에서 동쪽으로 서서히 걸어가 보았다.
저 멀리 하얀 눈으로 덮인 산이 보였다. 인터라켄 서역에서 조금 떨어진 공원
에는 소 무리가 있었다. 울타리처럼 경계선이 있긴 했으나 자유롭게 풀어놓은

소들을 보자 놀랄 수밖에 없었다. 검은 소도 보이고, 당당하게 개성이 넘치는 소들이 있었다. 드넓은 자연 속에서 살아가는 소들을 보니, 스위스 치즈와 우유가 그래서 제일 맛있는 게 아닐까 하는 생각이 절로 들었다. 이래서 환경이 중요한가 싶기도 했다.

서서히 해가 지자 신기한 회오리 모양의 구름도 보였다. 동시에 배에서 꼬르륵 신호를 보냈다. 혼자 먹을만한 곳이 없을까 주변을 서성이다 트립어드바이저를 통해 마을 언저리에 위치한 평점이 괜찮은 곳을 발견하였다. 오두막으로 된 작은 레스토랑에서 스테이크를 과감히 시켜 먹었다. 맛은 그저 그랬지만 와인과 함께해 기분이라도 낼 수 있어 행복했다. 첫 여행지에서의 나 홀로 만찬은 나름 성공적이었다. 가격은 노코멘트. 역시나 소문대로 비싸 순식간에 지갑이 얇아졌다.

숙소로 돌아가기 전, 레스토랑 옆에 위치한 할라 마트에 잠시 들러 검은색 바탕의 흰 글씨 디자인의 캔맥주를 샀다. 숙소로 돌아와 텔레비전을 말동무 삼아 마셔보니 내가 좋아하는 페일에일이었다.

■스위스 마트는 보통 저녁에 문을 다 닫는 편이지만 워낙 관광지라 밤에 열려있는 할라 마트를 찾아볼 수 있었다. 일찍이는 저녁 6시, 늦으면 저녁 8시에는 가게 문을 몽땅 다 닫는 오스트리아와는 확연히 달랐다.

융프라우에서의 1일

다음 날 아침, 호텔에서 조식을 말끔히 해치운 후 버스 타고 인터라켄 동역
으로 이동했다. 바로 융프라우로 가기 위해서였다. 스위스 패스 1일권을 미리
알뜰하게 찾아보지 않아, 특별한 할인 및 융프라우 정상에서 공짜로 먹을 수
있는 컵라면 쿠폰도 없어 많이 아쉬웠다. 평일 오전이라 기차 안은 한산했다.
스위스 마트에서 산 린츠 초콜릿을 먹으며 4명이 앉을 수 있는 자리를 혼자 독
차지했다.

덜컹 기차가 움직이기 시작했다. 덩달아 신이 나 창밖을 구경했다. 푸릇푸
릇한 산 위 집들이 보였다. 어렸을 때의 기억이 잠깐 나기 시작했다. 가족들과
함께 서유럽 여행 패키지로 스위스에 온 적이 있었다. 아쉽게도 기억이 잘 나
지 않지만, 그중 융프라우에 대한 기억은 남아있었다. 가족과 함께 한 추억에

잠시 잠겼다.

아무런 사전 조사 없이 시작한 즉흥 여행이라 인터라켄에서 그린델발트, 그린델발트에서 클라이네샤이텍 그리고 클라이네샤이텍에서 그제서야 융프라우요흐으로 이동한다는 사실을 여행 중 알게 되었다. 바로 융프라우로 향하는 게 아니었다. 기차를 몇 번이나 갈아탔어야 했다. 스위스산의 풍경은 마치 영화 같았다. 때론 눈 덮인 모습이었다가 그랜드 캐니언 국립공원을 연상시키는 갈색 산으로 둔갑하는 마성의 매력 소유자라고도 할 수 있었다. 경치 감상하며 혼자 사색하기에 좋았지만, 중간에 잠시 들린 클라이네샤이텍에서 진짜 하얀 산을 본 후부터는 잠들기 일쑤였다.

드디어 융프라우요흐에 다다랐다. 먼저 정상을 보고 싶어 엘리베이터를 탔다. 어디가 알프스 산맥인지 모르겠지만 새하얀 게 너무 좋았다. 생각보다 덜 추웠고. 대자연이 바로 눈앞에 가까이 있어 좋았다. 안으로 들어와 창문을 통해 대자연의 위엄을 느끼며 요구르트를 먹었다. 조금 허기를 달랜 후, 본격적으로 눈을 밟아보았다. 간단히 하이킹할 수 있고 썰매도 탈 수 있는 곳에서 주변의 경관에 감탄하고 또 감탄하며 걸었다. 무한 셔터를 누르고 있자 지나가는 분들이 사진을 찍어줄까 하셨다. 그렇게 해서 천천히 시간이 흘러가는 듯한 산과 구름을 배경으로 사진 여러 장을 남겼다.

앞만 보며 한 시간 동안 하이킹을 하다가 갑자기 심장이 쿵쾅거리고 몸이 뻐근해졌다. 졸리기도 하는 이상한 현상이 감돌았다. 잠시 멈춰있기를 여러 번 하다가 아예 털썩 가방 위에 주저앉아버렸다. 아까 먹다가 만 초콜릿을 물며 선글라스에 비치는 하얀 뭉게구름을 바라보았다. 시간의 흐름에 따라 구름이 조금씩 움직이는 듯했다. 나를 보고 딱했는지, 한 스위스 사람이 여기서 더 가면 쓰러질 수도 있으니 그만하라는 조언을 했다. 저 멀리 펄렁이는 스위스 국

기가 눈에 아른거렸지만, 그분의 말씀에 따라 돌아가는 길을 택했다.

돌아와서도 한참 동안 벤치에 앉아 숨 고르기를 여러 번 했다. 평소 운동과 친하지 않은데 높은 산 중턱에서 무리했던 걸까. 걸을 힘조차 없었다. 적당히 몸을 추스른 후, 융프라우요흐의 하이라이트라고 하는 얼음 궁전으로 향했다. 기대한 만큼만은 아니었지만 보는 재미가 있었다. 바닥 또한 얼음으로 되어 있어 잠시나마 김연아가 되어볼 수 있었다. 그리고 자연을 더 즐기고 싶어 스위스 깃발이 있는 곳으로 향했다. 그 깃발 아래에서 사진을 찍으면 융프라우요흐에 왔다는 증거를 완벽히 남길 수 있다고 들었다.

혼자 여행의 묘미는 여유를 가진다는 점이다. 인터라켄 동역으로 가는 막차를 기다리며 알프스 산맥의 풍경이 담긴 큼지막한 엽서를 사 한국에 있는 친구에게 엽서를 작성하였다. 다 쓴 엽서는 우체통에 넣었는데 전 세계에서 가장 높은 곳에 있는 우체통이었다. 융프라우요흐에 온다면 꼭 해볼 것 중 하나 아닌가 싶었다. 유럽 꼭대기에서 엽서를 보내다니 덩달아 신이 났다. 약 2주 후면 엽서를 받을 수 있다고 한다.

인터라켄으로 돌아가는 길, 다른 루트를 택했다. 그린델발트가 아닌 라우터브룬넨 방향으로 기차를 탔다. 올 때와의 풍경과 다르긴 달랐는데 산은 산이오, 자연은 자연이니 그렇게 뚜렷한 차이는 모르겠더라. 인터라켄 동역에 도착하였을 땐 너덜너덜해진 스위스 패스처럼 내 몸도 너덜너덜해져 있었다. 역 바로 옆에 있는 스위스 마트에 들러, 버젓이 판매되고 있는 신라면 큰 컵 한 개와 볶음밥을 샀다. 그리고 약 20분의 기다림 끝에 인터라켄 서역으로 향하는 버스에 올라탈 수 있었다.

9시쯤 숙소에 도착해서야, 식사다운 한 끼를 해결할 수 있었다. 가진 건 컵라면과 볶음밥뿐이었지만 꿀맛이었다. 무사히 도착했다는 안도감과 함께 외로움이 거센 파도처럼 갑작스럽게 덮쳤다. 머물렀던 방은 옥탑방 크기만 할 뿐만 아니라 위에 창문도 있어 추위를 더 유발했다. 그와 동시에 아득한 밤하늘을 더 가까이서 볼 수 있었는데 한국에서 가깝게 지내던 이들이 문득 그리워졌다. 첫 여행, 타지에서의 첫 등산과 식사 그리고 이 모든 것을 다 혼자 해냈다. 벌겋게 묻은 라면 국물의 자국이 있는 입술 옆으로 눈물이 흘러내렸다. 몸살처럼 뻐근한 몸을 이끌고 침대에 누웠다. 내 속을 전혀 알 리가 없는, 하늘의 별들을 바라보며 해가 어서 나오길 바랐다.

베른,
스위스 사람들이 사는 법

다음 날 오후, 인터라켄에서 스위스의 수도인 베른으로 향했다. 유람선 타고 갈 수 있다는 말을 들어 즉석에서 티켓을 구매했다. 늦은 시각에 구매한 탓에 올 땐 기차를 타야 했다. 인터라켄 서역 밑에 위치한 선착장에서 유람선을 기다렸다. 저 멀리 오고 있는 배 앞에서 백조가 유유자적하게 헤엄을 쳤다. 생각보다 배는 컸고 스위스 국기가 꽂혀있었다.

식당을 운영하는 배라 안쪽 테이블에 앉아있다가, 배가 출발하자 경치 감상을 위해 밖으로 나왔다. 몇 정거장을 통과할수록 다양한 풍경들이 속속히 등장하였다. 푸른 나무와 어우러져 있는 집이 보이다가 잔디에서 뛰노는 소 무리가 보였다. 예쁘다는 감탄사가 절로 나올 만큼 도시에서 볼 수 없는 자연을 마주했다. 배가 열심히 물살을 가르며 직진하자 맑고 평평한 유리 같은 호수 바닥

에 잔잔한 물결이 퍼져 나갔다. 사진으로 다 담을 수 없었던 풍경과 물을 가로지르는 시원한 파도 소리. 이 둘의 조화는 결코 잊을 수 없었다. 중간에 잠시 들리는 마을을 구경하는 재미도 있었다. 애니메이션에서 튀어나온 듯한 섬의 이웃 마을은 중세시대를 연상시켰다.

출출해져서 안으로 들어가 테이블에 앉았다. 하우스 와인 한 잔 시키고 야채 수프 하나 주문했다. 맛에 대한 기대는 없었는데 담백한 게 나름 맛있었다. 식사 후에는 줄곧 밖에 머물러 있었다. 산 밑 부분에 오목조목 모여있는 마을과 한 폭의 그림 같은 호수는 추위를 잊게 만들어 주었다. 자연을 배경 삼아 여러 장 셀카를 찍었더니 안에 계신 선장님께서 찍어줄까 하셨다.

바람에 깃발이 계속 펄럭였다. 날씨도 좋고, 바람의 세기도 적당했다. 유람선 타기 좋은 날이었다. 약 두 시간 만에 툰에 다다랐다. 툰에서 베른으로 가는 제일 가까운 시간대의 기차를 탄 후 목적지인 베른에 도착하였다. 스위스의 수도답게 상점들이 많고 북적북적 사람들과 관광객으로 붐볐다. 인터라켄에선 보지 못했던 트램도 있었고 베른을 상징하는 시계탑도 만나볼 수 있었다.

베른에서는 각양각색의 분수대를 볼 수 있었다. 분수대의 개수는 무려 100개가 넘었다. 아기를 잡아먹고 있는 식인 분수부터 무장한 곰 분수 그리고 정의의 여신 분수까지 여러 가지 모형의 분수대를 볼 수 있었다. 분수대를 지나 다리를 건너니 긴 호수를 마주했다. 그쪽을 향해 사람들이 무언가를 바라보고 있었다. 바로 곰이었다. 다리 아래 곰 공원이 있던 것이었다. 베른의 상징이라고 하는 곰은 당시 도시를 건설할 때 처음 포획한 동물이었다고 한다. 도시와 어울려져 있는 곰 공원의 모습은 신선하게 느껴졌다. 곰 공원에는 총 세 마리

의 곰들이 있었는데 엄마, 아빠 그리고 딸로 한 가족이었다. 어기적거리는 아빠 곰의 모습과 땅을 파는 엄마 곰의 모습은 귀여워서 자꾸만 보게 되었다.

곰 공원 건너편으로 와서는 멀찍이서 조금 전 건너온 다리를 감상했다. 프라하 카를교가 생각나면서도 또 다른 느낌에 매료되었다. 문득 저 건너편 마을을 구경해보고 싶다는 생각이 들었다. 다리 건너 성당을 마주 보고 계단 아래로 내려가 보았다. 생각보다 조용한 마을이었는데 마을 주민들끼리 밖에서 소소한 저녁 파티를 진행하고 있었다. 외부인도 참여해도 되는지 물어보고 싶었지만 차마 용기가 나지 않았다. 아쉬운 마음을 뒤로하고 지나쳤다.

꼬르륵 배가 고파왔다. 마을 한 바퀴 다 돌아보고 저녁을 해결하기로 했다. 눈에 보이는 집들은 하나같이 다 예뻤다. 외벽을 감싸고 있는 덩굴과 편안함을 주는 외관 디자인은 또 다른 스위스를 보는 듯했다. 마을 끝자락에서는 곰 공원이 보였고 곰 냄새가 바람을 따라 풍겨왔다. 관광객이 없어 조용한 마을은 거닐기 좋았다. 즉흥 여행의 장점은 관광지보다 사람 사는 곳에 들러볼 수 있다는 점이다.

인형 가게와 골동품 가게를 지나 우아한 자태로 시선을 끄는 한 레스토랑이 눈에 들어왔다. 거의 모든 자리가 예약석이라 겨우내 자리를 잡아 앉았다. 사슴고기 전문점으로 현지인들 사이에서 이름난 곳이었다. 먼저 주문해 나온 백포도주 한 잔을 홀짝이며 이 집의 메인 요리인 사슴 요리를 주문했다. 생각보다 고기 같은 친근한 비주얼에 놀랐다. 쫄깃한 식감과 비린내 없던 사슴 고기를 맛있게 먹었다. 조금 느끼함이 있어, 이를 잡기 위해서 적포도주 한 잔으로 입가심해 마무리했다. 가격대는 비쌌지만, 베른에서의 만족스러운 식사였다.

저녁 식사 후 장미공원에 들러 휴식을 했다. 와인을 두 잔이나 마셨더니 알딸딸하기도 했다. 벤치에 앉아 평화로운 베른 구시가지를 바라보았다. 일반 집에서는 저녁을 준비하는지 굴뚝에서 연기가 났다. 그리고 그 옆으로 독특한 모습의 아레 강이 흘렀다. 개인적으로는 인터라켄보다 베른에 좀 더 머물고 싶다는 생각이 들었다. 베른은 산보다 집이 더 많았고 사람 사는 내음이 가득했다. 와보길 잘했다는 생각이 들었다.

　약간의 취기를 해소하기 위해 베른역에서는 맥도날드에 들러 커피 한 잔 사들고 인터라켄행 기차를 탔다. 발걸음이 떨어지지 않는 날이었다.

하늘을 날다

 다음 날 아침, 맛있는 호텔 조식을 먹고 패러글라이딩을 하러 갔다. 패러글라이딩은 평소 운동도 하지 않던 내가 완전 즉흥적으로 하게 된 선택이었다. 3박이라는 시간을 머물렀던 인터라켄은 생각보다 매우 심심한 곳이었다. 취리히나 루체른에 가지 않았던 탓이 크기도 했고 산은 하루 방문이면 충분하다고 생각했었다. 혼자 패러글라이딩을 탑승하러 가면 무서울 법한데도 어디서 용기가 솟구쳤는지 기분이 아무렇지 않았다. 전날 예약한 인터라켄 서역 공원으로 가는 동안에도 두렵다는 생각이 들지 않았다. 매표소에 있던 분이 겁주기 전까지는 말이다.

 매표소 근처에서 일대일로 맡아줄 기장들과 함께 봉고차에 탑승했다. 차 안에는 다행히 나와 같이 패러글라이딩을 하게 될 사람들이 있었다. 그들은 한국인이었고 같이 여행 온 친구 사이였다. 서서히 시간이 흐를수록 두려워지기 시작했다. 어찌나 심심했으면 하늘을 날게 되었을까. 어느새 산 중턱의 평평한 곳에 차가 세워졌다. 나의 몸을 안전하게 지켜줄 장비들을 점검하고 입은 후, 만반의 준비를 마쳤다. 그리고 이동하는 동안 개인 기장이 되어주기로 한 스티브와 함께 힘차게 달린 후 날았다. 긴장을 풀어주려는 스티브와 담소를 나누면서 여러 개의 산맥을 구경했다. 땅에서 웅장하게만 보였던 산이 마치 모형처럼 느껴졌다. 그 사이로 흐르는 강물은 잠시 멈춰있는 듯했다. 하늘을 난다는 것은 생각보다 무섭지 않았다. 오히려 계속 움직임으로써 새가 되어보는 듯한 짜릿함을 느낄 수 있었다. 계속 위에서 움직이는 구름과 아래에 펼쳐져 있는 자연경관을 보며 나는 하늘을 날았다.

퐁듀와 시계의 상관관계

210프랑이라는 가격에 비해 짧은 시간 안에 패러글라이딩이 끝났다. 무사히 육지에 착지한 뒤 기장 스티브로부터 내 모습이 담긴 사진과 동영상이 든 USB를 받았다. 약간 생겼던 어지럼증을 가까스로 떨쳐냈다. 빙빙 도는 하늘보단 아무 일 없는 땅이 훨씬 좋았다. 점심시간이 약간 지난 때였지만 출출해져 공원 바로 옆 카페 안으로 들어가 보았다. 패러글라이딩도 했고 스위스에서의 마지막 날이기도 해서 퐁듀를 먹으려 했으나 아쉽게도 2인분부터 주문할 수 있었다. 퐁듀를 대신하여 1인분 짜리 퐁듀 비슷한 치즈 요리를 시켜보았다. 그 집에서 파는 치즈 요리는 전형적인 스위스 퐁듀가 아니었지만 짜지 않고 맛있었다. 동글동글 알감자와 둥그런 빵을 치즈에 찍어 먹었다. 생각보다 배를 채

울 수 있었다. 이로써 퐁듀 먹은 흉내라도 낼 수 있었다.

스위스의 대표적인 상품은 시계다. 특히 인터라켄 서역 앞에서는 손목시계 가게를 무수히 많이 볼 수 있었다. 주로 가격대는 500프랑부터 시작해 10,000 프랑까지로 엄청나게 무시무시했다. 스위스에 왔으니 기념품으로 손목시계를 하나 사고 싶었으나 이러한 가격에 놀라 두 시간 동안 여러 군데를 전전하기만 했다. 그러다가 우연히 구멍가게에 들어가 원래의 시계 가격보다 1.5배나 싼 가격으로 하나 장만할 수 있었다. 스위스에서 만들어내는 자체 상표였으며 디자인도 무난하고 맘에 들었다. 이로써 혼자 즉흥적으로 아무 생각 없이 떠난 여행을 끝맺었다. 이렇게 또 잊지 못할 나만의 추억이 탄생하였다.

대만 친구와 떠난
이탈리아 여행기

학기 초 수업 쉬는 시간, 사교성 높은 앨리스의 제안으로 앨리스와 나 그리고 대만 친구 미니는 이탈리아 여행을 떠나게 되었다. 깊이 알고 있지 않은 상태였음에도 불구하고 어느새 우리는 이탈리아에서 같이 묵을 숙소를 고르고 있었고 공용 비용 해결을 위해 돈을 걷고 있었다. 그렇게 우리 셋은 쿠프슈타인에서 이탈리아 피렌체로 넘어갔다.

짐을 맡기고 처음으로 간 곳은 우피치 미술관이었다. 시각디자인과를 복수전공하고 있는 과 친구 앨리스가 그녀의 예술 감성으로 이끈 곳이었다. 피렌체의 대표적인 곳이기도 하고, 하루를 예술로 시작하는 낭만을 만끽하고 싶어 우리 모두 오케이를 외쳤다. 그런데 웬걸. 예약하고 가지 않아 족히 2시간 이상은 기다려야 했었다. 예약 존재 자체를 몰랐던 우리는 장작 3시간의 기다림이라는 생고생과 맞닥뜨렸다. 그래도 들어가서는 '홀로페우스의 머리를 베는 유디트'와 '비너스의 탄생' 등 유명한 작품들을 볼 수 있었다. 여러 장의 그림이 담긴 엽서도 손에 얻었다. 기다린 끝에 빛을 본다고, 순탄하지 않았던 문화생활이 완벽히 이루어졌다.

이탈리아 하면 제일 먼저 젤라토와 티라미수가 떠올려진다. 무엇보다 카페 문화가 잘 발달한 이곳에서 식후 디저트 타임을 매일 가질 수 있어서 행복했었다. 피렌체 3대 젤라토 중 하나로 가서 젤라토 하나씩 물고, 두오모 성당 근처를 전전했다. 평소 젤라토 아이스크림을 좋아하지 않은데도 자꾸만 손이 갔다. 이 맛있는 게 단 2.5유로 정도 했다는 사실도 좋았고 입가심 같은 상큼한 디저트 타임에 기분은 날아갈 것만 같았다.

앞에 펼쳐진 화려한 산타 마리아 델 피오레 대성당을 보며 젤라토를 날름거리며 먹었다. 앨리스의 설명 아래, 이 대성당이 화가의 지휘 아래 마무리되었다는 것을 알게 되었다. 그렇기에 한 폭의 그림처럼 색채가 화려한 외관 모습

에 감탄하였다. 그리고 두오모 성당의 하이라이트인 지오토의 종루 안으로 들어가 보았다. 입장료는 비쌌지만, 영화 '냉정과 열정 사이'의 배경이 된 곳인데 올라가지 않을 수 없었다.

열심히 올라갔는데도 463개나 되는 계단이 끝없이 이어졌다. 헉헉거리며 우리는 부족한 운동 신경을 끌어모았다. 올라갈수록 가팔라지는 계단에 신경 쓰랴, 끊임없이 계단 아래로 내려오는 사람들을 위해 자리를 피해 주랴 정신이 하나도 없었다. 겨우내 정상에 도착해서 아래를 내려다보았다. 일반 가정집의 지붕들이 주황빛을 이루고 있었다. 철사 틈 사이로 본 아래의 풍경은 동그란 두오모 성당의 돔과 어우러져 한 번 보기 아쉬운 풍경을 그려내었다.

잠깐의 폭풍 운동을 끝내고 내려온 우리는 피곤함을 느꼈다. 그래서 당을 충전하기 위해 디저트 카페에 들어갔다. 우아한 내부 디자인은 물론이고 티라미수부터 밀푀유까지 다양한 디저트를 파는 카페였다. 이곳에서 티타임을 가지며 디저트도 먹었다. 차와 함께 시킨 티라미수와 밀푀유는 입에서 사르르 녹을 정도로 맛있었다.

디저트에 이어 저녁 시간이 다가오자, 한국인들이 많이 들린다는, 소문난 피렌체 티본 스테이크 맛집을 갔다. 약 20분 정도의 대기를 해야 했지만, 오전에 세 시간이나 기다렸던 우리에겐 식은 죽 먹기였다. 이곳은 다소 저렴한 가격에 티본 스테이크를 맛볼 수 있는 집이었다. 약 30분의 기다림 끝에 착석하고 이탈리아의 맥주인 페로니와 함께 스테이크를 맞이했다. 얼마만의 칼로 썰어보는 시간인지 행복에 겨웠다. 무엇보다 맛있는 음식을 먹으며 친구들과 함께 있다는 사실이 무척이나 행복했다. 우리는 여러 가지 소재를 가지고 대화를 나누다가도 "너무 맛있다" 하며 찬사를 아끼지 않았다.

먹고 마시고 즐기다

이탈리아에서 절반의 시간을 먹방으로 보냈다. 정말이지 이탈리아는 음식의 천국이라고 불려도 될 만큼 요리가 화려한 곳이었다. 다음 날, 우연히 들어간 카페에서 아침을 먹게 되었다. 친구들은 샌드위치를 먹었고 나는 빵 두 조각과 슬라이스 햄, 토마토 그리고 계란 후라이로 구성된 간단한 식사류를 골랐다. 이 작은 골목에서 발견한 카페 속 음식들조차 놀랍게도 맛있었다. 옆에 보니 현지인분들이 여러 명 있었는데 관광객보단 현지인이 더 많이 찾는 곳이었다. 뜻밖에 만족스러웠던 아침 식사를 마치고 더욱 신나게 하루를 시작할 수 있었다.

피렌체에서는 가죽이 유명하다. 길거리에 걸어갈 때마다 가죽 냄새를 맡았고, 그 사이에는 "아가씨," "여기 가죽 좋아" 등 한국어로 우리를 향해 손짓하는 장사꾼들이 있었다. 가죽 냄새에 못 이겨 결국 쭉 둘러보다가 한 가게 안으로 들어가게 되었다.

> TIP. 질 좋은 가죽 제품을 합리적인 가격에 사고 싶다면 거리보다는 안쪽에 자리
> 한 가게들을 눈여겨 볼 것. 거리보다 싼 가격에 구할 수도 있음은 물론이고 가격
> 흥정까지 한다면 예상치 못한, 더 저렴한 가격에 가죽 제품 하나 장만할 수 있다.

친구들이 가죽에 눈을 떼지 못하는 사이, 나는 괜한 돈을 쓸까 봐 가만히 밖에서 친구들을 보고 있었다. 그런데 친구들을 대하는 가게 주인의 태도가 사뭇 달랐다. 완벽한 백 퍼센트의 인공적인 친절함이 아니라 진정으로 좋은 제품을 보여주고 싶어 하는 태도가 더 보였다. 그래서 가게 안으로 들어가게 되었다. 주인아저씨는 심지어 내가 눈여겨본 가방이 실제 가죽임을 입증해주기 위해 라이터로 가방에 불을 붙였다. 확실히 그을림은 없었던 이탈리아산 가죽 수제 가죽 가방이었다. 약간의 흥정을 통해 알맞은 가격에 가방을 획득하였다.

가죽의 세계에서 벗어나 애매한 점심을 해결하기 위해 피렌체 중앙시장 2층으로 향하였다. 피렌체 중앙시장 2층에는 마침 요리 페스티벌이 열린 것만 같았다. 신선한 해산물 재료로 즉석에서 굽거나 요리해주는 것이 이곳에서 대표적으로 행해지고 있었다. 맥주마저 무려 다섯 가지 맛과 향으로 골라 마셔볼 수 있어 여러 사람의 시선을 끌었다. 재료 본연의 맛은 물론이고 골라 먹는 재미가 있었다.

신선한 재료로 만들어진 음식으로 배를 채운 후, 소화도 할 겸 로마 시대의 마지막 다리로 알려진 베키오 다리 위 금세공 상점들에 들렀다. 반짝이는 것을 좋아하는 미니와 앨리스와 함께 금으로 된 장식들을 구경한 후 피렌체의 전체

모습을 사진 한 폭에 담기 위해 미켈란젤로 언덕으로 향했다. 미켈란젤로 언덕
은 니콜로 다리 건너에 자리하고 있었기에 트램을 타고 갔다.

　도착한 언덕에서는 다비드상 복제품 아래로 베키오 다리를 다시 볼 수 있었
다. 베키오 다리는 컴컴한 밤하늘 아래 조명 역할을 해주고 있었다. 금빛 색을
띠는 시뇨리아 광장의 시계 탑인 아르놀포 탑과 하얀 조명으로 더 눈에 띄는
두오모 성당은 한순간 우리 셋의 마음을 사로잡았다. 우리는 전망이 잘 보이는
난간 위로 올라가 앉아, 피렌체의 야경에 푹 빠져들었다.

　빛나는 야경을 뒤로하고, 숙소로 돌아온 우리는 모두 사랑하는 사람들에게
엽서 쓰는 것으로 하루를 마무리했다. 엽서를 쓰던 중 이른 저녁을 먹어서인지
나는 배가 고파져 펜을 내려놓고 이심전심으로 배고파했던 미니와 함께 밖으
로 나오게 되었다.

숙소를 나와 걸으며 트립어드바이저 앱을 살펴보던 중 피렌체에서 100위를 걷도는 레스토랑을 발견하였다. 현지인들이 많이 보였고, 특히 메뉴판에 적힌 단돈 15유로에 풀코스를 받을 수 있다는 사실이 우리의 구미를 당겼다. 오스트리아와 달리 늦은 시각까지 음식문화를 즐기는 이탈리아인들 사이에 끼고 싶었다. 과연 우리가 1인당 풀코스를 다 먹을 수 있을까 하는 의문이 들었지만, 파스타를 입에 넣은 사람들의 미소를 본 후 거침없이 가게 안으로 직진하였다. 영업시간 끝나기 40분 전이었는데 다행히도 종업원은 이탈리아의 음식문화에 호기심을 보이는 두 명의 동양인 여자들에게 친근한 미소로 자리를 안내해주었다.

갈색 빵 봉지 안에 든 갓 구운 바게트 조각부터 시작해서 와인 한 잔, 파스타 그리고 고기류를 취향대로 선택해 먹을 수 있었다. 심지어 고기류를 주문할 때는 감자튀김과 샐러드 중 하나가 따라 나왔는데 그야말로 천국이 아닐 수 없었다. 아니나 다를까. 다 먹을 수 있을까 하는 걱정은 괜한 걱정이었다. 우리는 음식을 순식간에 사라지게 하는 마법을 부렸다.

물의 도시, 베네치아

이탈리아에서의 다음 여행 장소는 베네치아였다. 큰 기대하지 않고 도착한 이곳에서 물의 장관이 펼쳐졌다. 트램이 아닌 배가 교통수단이 되는 이곳에서의 하루는 앞으로 어떻게 될지 기대되었다. 수상 도시라는 이름에 걸맞게 수많은 다리가 있었고 그 가운데 평지에 위치한 산 마르코 광장에서 먼저 구경을 하기로 했다. 비가 내려도 수많은 관광객이 있었고, 안개에 묻혀 있는 강은 잔잔히 흐르고 있었다. 미술관과 박물관을 좋아해 찬찬히 감상하는 앨리스와 다르게 별다른 관심을 두지 않는 미니와 나는 약간의 시간을 투자해 광장에 위치한 두칼레 궁전을 둘러보았다. 둘러보는 와중에도 우리는 이 멋진 풍경을 배경으로 서로의 사진을 찍는 데 집중하였다. 열정을 다해 사진을 찍고 나니 휴식이 고팠다. 그래서 즉흥 연주가 펼쳐지는, 두칼레 궁전 건너편의 테라스 카페

안으로 들어갔다. 피아노 연주와 트럼펫의 듀엣 공연비가 포함되어 있어 그런
지 생각보다 비쌌지만, 커피와 티라미수를 먹으며 휴식을 했다. 커피 한 모금
에 잠시 여유를 되찾고 다리의 피로를 녹일 수 있었다.

같은 아시아인이지만 서로의 언어가 다르므로 우리 셋의 대화는 항상 영어
로 이루어졌다. 여행 떠나기 전, 설령 영어로 의사소통을 한다 해도 말이 통하
지 않은 게 있으면 어쩌나 하고 으레 걱정했었다. 우려와 달리 우리 셋은 너무
잘 통했다. 셋 다 영어 회화만큼은 자신감이 넘쳤다. 그래서 여행 후반에는 확
실히 여행 초반보다 한국어 회화보다는 영어 회화가 익숙해진 우리를 발견하
였다. 앨리스와 내가 대화를 할 때도 미니에 대한 배려를 위해 우리나라 말이
아닌 영어를 우선시했더니 어느 순간 과 친구 앨리스와 영어로 이야기하는 것

이 우리말보다 더 편해진, 아이러니한 상황이 왔다. 짧은 영어로 이야기를 나누면서도 우리 셋은 서로의 웃긴 얘기에 함께 웃었고, 진지할 때는 함께 진지해졌다.

카사노바가 생애 한 번쯤은 머물렀을 법한, 혹은 지나쳤을 수 있는 카페에서 나와, 한 번 들어간 이상 절대 빠져 나오기 힘들다는 악명 높은 탄식의 다리를 구경했다. 탄식의 다리에 대한 들려오는 이야기에 의하면 감옥의 죄인들은 이 다리의 창을 통해 보이는 베네치아의 풍경을 보며 탄식했다고 한다. 카사노바는 여인들이 구해주어서 감옥에서 나올 수 있었다는데, 다른 이들은 죽을 때까지 감옥에 있어야 했다. 이 우아한 도시 베네치아를 앞으로 다시는 구경 못한다고 생각하니 얼마나 괴로웠을지 그들의 입장이 되어보니 절로 탄식이 나왔다.

1일 1와인

어느새 해는 달에 자리를 넘겨주고 있었다. 비가 갠 후 범람 될 것 같았던 강물은 원상태로 돌아오고 있었다. 빗물에 말끔히 씻긴 거리 바닥은 투명한 유리처럼 가로등의 빛을 반사했다. 그리곤 주변의 층 낮은 건물들과 함께 어우러져 그림엽서 한 장이 연상되었다. 이렇게 아름다운 외부 환경에 영향을 받은 우리 셋은 한마음 한 뜻으로 동시에 배가 고파졌다.

숙소로 돌아온 것도 잠시 근처 맛집을 검색하다가 숙소가 자리한 구불구불한 골목 안에서 현지인들 사이 유명세가 두터운 곳을 찾았다. 좁은 가게 내부를 가지고 있었고 아늑하고도 세련된 분위기를 자아내는 레스토랑이었다. 운 없게도 그날따라 손님이 많아 자리가 날 기미가 보이지 않았다. 한 시간이 지나서였을까 드디어 자리가 나 앉을 수 있었다. 자리에 앉으면 단품 메뉴가 아 닌 세트메뉴를 시켜야만 했다. 우리 셋이 시킨 세트메뉴는 애피타이저부터 완 벽했고 주 요리는 더할 나위 없이 훌륭했다. 특히 애피타이저로 주문한 스테 이크 타르트는 쫄깃함과 신선함이 살아있어 우리나라 광장시장에서 먹을법한 육회의 맛이 났다. 이렇게 맛있는 음식에 와인을 빼놓을 수 있을까? 이곳에서 제공하는 하우스 와인 종류는 주인장이 추천하는 와인부터 일반 여성들이 좋 아하는 와인 맛까지 친절하게 적혀 있어 골라 마셔보는 재미가 있었다. 고르는 맛도 있었지만 고르는 족족 맛있었다. 우리는 끝내 합리적으로 와인 한 병을 사서 나눠 마시기로 했다. 식사의 완벽한 마무리는 역시 디저트라고 생각한다. 아무 기대 없이 추가 주문한 디저트는 달콤한 백포도주와 찰떡궁합이었다.

달이 빼꼼 고개를 들어 우리를 잠시 비춰주고는 잠에 곯아떨어졌다. 그때까 지 시간 가는 줄 모르고 우리는 한 손에 와인 잔을 들고 끊임없이 수다로 웃음 꽃을 피웠다. 아무 고민 없이 행복한 만찬에 배가 빵빵해지고 포도주에 취해가 는 이 시간은 꿈만 같았다. 이 달콤한 꿈에서 깨어나고 싶지 않았다.

이탈리아에서의 하루 시작은 항상 와인으로 시작해 와인으로 끝맺었다. 더 나아가, 끼니마다 와인 한 잔을 함께 해 그 존재는 더 돋보이게 되었다. 베네치 아에서의 마지막 밤도 마찬가지였다. 당일치기로 연달아 레이스로 유명한 부 라노 섬과 유리공예로 빛나는 무라노 섬 두 곳을 들리느라 피곤했었다. 하지만 여행의 마지막 날이라는 아쉬운 마음에 새벽까지 운영하는 바를 검색했다. 숙 소에서 10분 거리에 위치한 바를 알아냈다.

우리는 새벽까지 술을 마셨다. 구체적으로는 머핀, 케이크 그리고 튀김을 안주 삼아 세 명이 샴페인 한 병과 백포도주 한 병을 비워냈다. 이때는 다른 날 과 달리, 대화보다 멀리 있는 소중한 이들에게 소식을 전하고자 힘썼다. 맛있는 음식을 먹는 동시에 한국에 있는 친구들과 가족에게 엽서를 쓰며 그들의 소중함을 되새기는 이 시간이 좋았다. 그런데 피곤한 와중에 알코올까지 들어가 버리니 이날 셋 다 마치 약속한 듯이 모두 취해버렸다. 이성의 끈을 놓은 채 엽서를 작성했는데 글씨 휘날림은 덤이었다.■

　숙소로 돌아오는 길, 갈 땐 분명 무서운 길이었는데 알코올에 취해 따스한 뒷골목이라는 느낌이 들었다. 그 느낌이 좋아 신난 우리는 토끼처럼 깡충 뛰어 다녔다. 미니는 잠바를 뒤집어쓴 후 돌연 발랄한 행동을 하여 우리에게 큰 웃음을 선사하였다. 서로 다른 국적이지만, 타지에서 함께 웃고 떠들며 보냈던 시간은 결코 잊을 수 없을 듯했다.

■ 이탈리아뿐만 아니라 어디서든지 와인 한 병은 사실상 음식점에서보다 마트에서 사는 것이 훨씬 더 저렴하다. 하지만 맛있는 음식과 함께 술을 즐기고 싶었던 우리는 여기 이탈리아 음식점에서 용기를 내 와인 한 병을 사서 마시기 시작했다. 뜻밖에 와인 한 병의 가격대는 13유로 정도로 비교적 합리적으로 소비할 수 있었다. 어차피 세 명이 3~4유로로 가격대의 하우스 와인 한 잔씩 할 것이었다. 여기서 2~4유로 정도를 더 주었더니 와인 한 병이 왔다. 와인 한 병으로 분위기는 더 무르익고 두 석 잔씩 더 마실 수 있었기에 그렇게 매일 밤 우리는 와인 한 병을 즐겨 마셨다.

이탈리아 여행에서 우리 셋은 점차 돈독해졌고, 여행 후엔 말하지 않아도 속마음을 아는 사이가 되었다. 여행 전만 해도 이렇게 될 줄 알았을까. 교환학생으로 만나, 낯선 여행지로 떠나는 것은 실험적이었지만 그 자체만으로도 흥미로웠다. 첫 단추는 서툴러도 마지막 단추는 완벽히 끼어 놓을 수 있는, 가능성을 보이는 선택이 아니었을까 싶다. 그리고 그 선택은 옳았다.

파리에서 만난 반가운 얼굴들

자유로운 학교 시간표 덕에 또 한 번, 주말을 끼고 3박 4일이라는 시간이 남았다. 이번엔 특별하게 유럽으로 교환 와있는 대학교 동기 친구들 세 명과 한곳에 모이기로 하였다. 모이기로 한 곳은 바로 프랑스의 파리였다. 한국이 아닌 유럽에서 뭉치기로 한 친구 중 둘은 네덜란드로 교환을 갔고, 나머지 한 명은 독일로 교환을 갔다. 한두 달 전부터 시간을 조율해 다 같이 파리에서 만나게 된 것이었다.

네덜란드로 교환학생을 간 친구 유정이와는 늘 입버릇처럼 말하곤 했었다. "우리 파리에서 에펠탑 보며 커피 한잔하자." 또 어떤 날은 이런 대화를 나누었다. "에펠탑 앞에서 맥주 한잔 어때?" "맥주가 뭐냐, 우아하게 와인 한잔하자." 이렇게 다짐하곤 했었던 우리가 손에 미니 와인 한 병씩 들고 '반짝반짝', "이거

사세요" 호객행위 제대로 하는 길거리 노상 아저씨들 사이에서 에펠탑을 바라보게 되었다. 커다란 태양만한 에펠탑이 뿜어내는 노란 불빛 아래 와인 한 모금씩 마시며 파리의 야경을 감상하는 우리가 있었다.

파리에서 제대로 즐긴
그림 감상

　고백하자면, 나는 그림 감상을 즐기는 사람이 아니었다. 그림 그리는 것을 즐기는 편 또한 아니었다. 고등학생 시절, 미술책에 나오는 작품 외우기가 끔찍이 싫었다. 보지도 못한 작품과 그린 이의 이름들을 왜 외워야 하는지 이해할 수 없었다. 그러나 수많은 그림을 감상하게 된 이곳 파리에서부터 예술 작품 감상이 취미로 자리매김하게 되었다. 실제로 나처럼 미술 작품에는 문외한이었다가 파리에 와서 미술에 푹 빠지게 된 사람이 있을 것이다.

　유럽 학생 비자가 있어 공짜로 들어간 오르세 미술관부터 난해한 현대 작품으로 가득한 퐁피두 센터까지, 파리에서의 문화생활은 누구에게나 개방되어 있었다. 예전의 나에게 미술관이라고 하면 위압감으로 다가왔다. 미술을 잘 아는 사람만이 갈 수 있는 곳으로 생각되어 거부감이 먼저 들었었다. 그런데 파리를 시작하여 유럽의 여러 국가에서 본 미술관은 생각 전환의 계기를 만들어

주었다. 누구나 와서 마음껏 자유롭게 생각과 의견을 펼칠 수 있는 곳. 그중 대표적인 곳이 미술관이라고 생각한다.

가장 기억에 남은 작품은 퐁피두 센터에서 본 추상적인 그림의 대가, 벨기에 출신의 마그리트 작품이다. 퐁피두 센터에서 무려 한 시간의 대기 끝에 마그리트 전시회에 입장할 수 있었다. 전시 공간 마저 수많은 사람으로 인산인해였다. 사람 사이에 껴 보기 힘들었지만, 그림 하나 놓칠 수 없기에 시간을 내 꼼꼼히 감상했다. 파이프 그림이 멀쩡히 그려져 있는데 파이프가 아니라고 하는, 'This is not a pipe' 그림을 포함하여 땅에 있는 구름의 그림 그리고 신발인지 발인지 뚜렷한 정체성이 없는 마그리트의 그림들을 감상했다.

도통 무슨 뜻인지 몰라 고개를 갸우뚱하고 다음 작품으로 지나쳐버리기 일쑤였지만 이상과 현실 사이의 경계를 허무는 마그리트 작품들엔 묘한 매력이 있었다. 그림 안의 선은 정확하고 실제 사물처럼 생생했다. 그에 반해 전하고자 하는 메시지는 완벽하게 파악하기는 힘들었다. 어떻게 보면 불친절한 그의 작품 세계가 이상하게 끌렸다. 또렷하게 그려내는 그의 추상적인 그림 속에서 실제와 허상의 모호한 경계선을 발견한다. "당신이 지금 바라보고 있는 것들은 진짜인가?"라고 물어보는 것 같았다. 그림 속 유리잔 위에 있는 기린이 정말로 유리잔 안의 기린인지, 아니면 기린이 지나가는데 유리잔에 비친 것인지 혼란스럽게 만들었다. 어린아이의 창의력을 가진, 그의 정신세계를 가까이 들여다보고 싶다.

파리에서 우리만의
아지트를 만들다

　물가가 비싼 파리에서 외식 한 번 하는 것은 학생 신분인 우리에겐 크나큰 도전이었다. 그래도 달팽이 요리는 한 번 먹어보려고 했는데 3박 4일 동안 묵은 한인 민박에서 제공하는 아침, 저녁으로 두둑이 배를 채우는 바람에 그 기회를 놓쳤다. 우리는 외식비보다 술값에 더 많이 예산을 지출했다. 술 중에서도 와인에 중점을 두었다. 누가 프랑스산 와인을 가지고 어떻다고 운운하겠는가?

　파리에서의 둘째 날 밤, 네덜란드에서 수업을 듣고 늦게 합류한 친구 은이까지 합세하여 총 4명이 한자리에 모였다. 트립어드바이저 앱으로 평점이 괜찮은 바를 찾아다니다가 길을 잃어, 이름 모를 작은 바의 앞에 다다랐다. 가게 앞에는 두 테이블이 놓여있었고 한쪽 테이블에 앉아있는 이들이 여기 괜찮다고 귀띔해주었다. 신뢰가 생긴 우리는 안으로 들어갔다. 조용하니 적막감이 돌았다. 영화 속에 나올법한 투명 망토가 가게를 둘러싸고 있는 듯, 누구도 이 비밀스러운 장소를 모르고 있는 것 같았다.

밤이 깊어지자 손님은 오직 우리뿐이었다. 우리는 이곳을 우리만의 아지트로 약속했다. 은이는 후에 파리에 다시 오면 이곳을 다시 방문하자고 신신당부했다. 우리는 은이의 우스갯소리에 고개를 끄덕였다. 정말로 이곳은 우리만 알고 싶을 만큼 좋았다. 크기가 작은바 안쪽에서는 청국장처럼 텁텁하면서도 친근한 느낌을 주었고 은은한 조명은 아늑한 동굴 분위기를 자아냈다. 그 속에서 와인 한 잔, 두 잔 하다가 보드카까지 손댔다. 하우스 와인의 맛은 떫었지만, 풍미는 그 자체로 깊었다. 사장님 표 보드카의 맛은 진하면서도 부드러웠다.

각자가 취향대로 하우스 와인을 시키니, 사장님께서 그릇이 넘치도록 감자 칩을 서비스로 주셨다. 사장님께서는 유튜브를 통해 음악을 선곡하셨는데 은근 우리의 대화에 집중하시는 듯했다. 어느새 대화의 주제가 스피커를 통해 흘러나오는 노래로 넘어갔다. 최신 팝송이 흘러나오자, 친구들 사이에서는 가수에 대한 가십거리가 나왔다. 감자 칩을 와삭 씹어 먹으며 친구들과 외국 가수에 대한 이야기를 나누었다. 수다와 함께 들리는 신나는 팝송을 안주 삼아 보드카를 입에 털었다. 사장님의 음악 선곡에 대한 불만은 없었는데 "아 그 노래 다시 듣고 싶다"는 말이 나오는 동시에 사장님이 선뜻 노트북 화면을 우리 쪽으로 돌리셨다. 어쩌면 저 사장님 한국어 알 수도 있겠다며 사장님의 센스 있는 행동에 모두 깜짝 놀랐다. 바 안을 우리만의 공간으로 만든 지 30분 만에 음악마저 우리만의 것으로 독차지하게 되었다. 이렇게 우리만의 아지트가 하나 생겼다, 그것도 프랑스 파리에서.

파리에서의 마지막 날 밤, 아지트 재방문을 잊지 않았다. 사장님의 서글서

글한 성격과 따뜻한 눈길이 그리워 가게 쪽으로 성큼 향하였다. 놀랍게도 불은 꺼져있었다. 문 앞에 적힌 오픈 시간표를 보니 오늘은 문을 열지 않는단다. 아쉬운 마음에, 비슷한 느낌이 나는 바로 고개를 돌려 다른 곳으로 갔으나 그곳에선 모델로 추정되는 흑인 언니들의 파티가 한창이었다. 왁자지껄한 테이블 옆에서 말 없이 와인으로 목을 축이다 자리에서 일어났다. 우리만의 아지트처럼 조용하고 아늑한 분위기의 바는 결코 없는 것인가. 늦은 시각까지 파리의 길거리엔 혈기왕성한 젊은 청년들로 가득했지만 우리가 원하는 분위기의 바는 찾아볼 수 없었다. 할 수 없이 일반 호프집에서의 술자리로 하루를 끝맺었다.

버킷리스트 달성,
파리에서 클럽 가기

클럽에 대한 일화는 아지트에서 술을 마신 후부터 시작된다. 보드카 한 잔의 기분 좋은 마무리로 바에서 나와 클럽으로 발걸음을 하였다. 유정이는 춤추는 것을 즐기지 않기 때문에 홀로 숙소로 돌아갔다. 유정이를 향한 아쉬운 마음을 접고 우리 셋은 거침없이 입장권을 사고 들어갔다.

생각보다 한산한 클럽 안에서는 사람과 사람 사이의 공간마저 넓어 전체적인 스캔이 가능했다. 파리에서 클럽 가는 것은 나에겐 이번 여행의 목표 중 하나였다. 이날을 위해 쿠프슈타인에 있는 몇 안 되는 프랜차이즈 옷 가게들을 전전하며 클럽 의상도 골라왔다. 클럽 분위기는 생각보다 얌전했다. 이대로 가만히 있을 순 없었다. 우리는 합류하지 않은 유정이에게 "재밌었다" 그리고 "네가 왔어야 했다"라는 말을 하고 말겠다는 오기가 있었다. 잔잔한 하우스 음악이 흐르는 공간에서 우리의 오기가 담긴 보드카를 한 잔씩 들이켰다. 한두 시간 좀 더 머무르자 친구 데이와 친해진 진행요원의 희소식이 흘러왔다. 조금 더 있으면 사람이 많아질 것이라는 소식이었다.

어느새 클럽 안 사람 수는 과포화 상태가 되었다. 그러나 그리 신나지도 않고 느릿느릿 흘러가는 음악이 바뀔 기미가 보이지 않았다. 테크노 음악이 약간 가미되었어도 그마저 남아있던 사기마저 앗아가는 듯했다. 파리 클럽은 뭔가 다를 것이다, 좀 더 화려할 것이며 색다른 분위기를 가지고 있을 것이라고 예상했었는데 그 예상은 빗겨나갔다. 이런저런 생각을 하며 품고 있었던 파리 클럽에 대한 환상은 와장창 깨지고 말았다. 또 어떻게 보면 나름 즐겼다고 말할 수 있다. 좁아 터지는 파리 지하철에서 만난 사람들의 얼굴에서 세월의 흔적과 앞으로의 희망을 보았듯이 이 비좁은 곳에서 사람들과 부대낌으로써 젊은이들의 활발함과 열기를 체험했다. 파리도 사람 사는 동네구나! 느꼈다. 테러 위협을 자주 받으며 또 그만큼 위험한 도시라고만 여겼었는데 인간적이고 친숙한 이면도 가지고 있었다. 파리 클럽에서는 프랑스 사람들을 포함해 저마다의 다른 나라에서 온 이들을 만날 수 있었다. 어디서 왔냐고 친근하게 물어보는 이도 있었고 술 한잔씩 사주겠다고 마음을 여는 이들도 있었다. 국적은 달랐지만 프랑스 파리에서 머무는 동안은 모두 진솔한 프랑스 사람이었다. 파리는 사람 내음을 맡을 수 있었던 유럽의 몇 안 되는 도시였다.

파리지앵이 되어,
나홀로 파리

파리에 머무는 일수 중 하루 정도 혼자 다니게 되었다. 친구들보다 먼저 파리에 도착한 첫날이었다. 숙소에 짐을 놔두고 나 홀로 파리 구경을 나섰다. 흔한 파리의 지하철 풍경은 한 마디로 총체적 난국이었다. 낡았다는 말을 많이 들었는데, 자리 여러 군데를 버젓이 점령한 거지부터 표를 인식하지 못하는 기계까지 상태가 이 정도일 줄은 몰랐었다.

프랑스 대학생 레지탕스 단원들이 독일 나치와 전투를 벌였다고 하는 생 미셸 광장을 지나 이곳저곳 걸어보았다. 사실은 셰익스피어 앤드 컴퍼니라고 불리는 서점을 찾기 위해 뺑뺑 돌았다. 셰익스피어의 얼굴이 버젓이 장식되어있는 초록색의 서점 외관은 지나가는 이들의 발걸음을 잡기에 충분히 인상적이었다. 간판 밑으로는 이곳 서점에 대한 설명이 영어로 빼곡하게 적혀있었다.

책을 향한 사랑이 한없이 더 솟구쳐 올랐었다. 왠지 이곳에서 책을 사면 좋을 것 같다는 생각이 들었다.

　책 구경하느라 무려 한 시간 동안 셰익스피어 앤드 컴퍼니에서 머무른 후 서점에서 나와 파리지앵이 된 것 마냥 룰루랄라 걸어 다녔다. 어느 순간, 노트르담 대성당이 눈앞에 다가왔다. 노트르담 드 파리 대성당이라고도 불리는 이곳에서 노틀담의 꼽추 소설이 절로 떠올랐다. 노틀담의 꼽추 소설이 유명해지자 대성당이 제대로 복원될 수 있었다고 한다. 대성당 안에서는 다양한 국가 행사가 치러진다고 하는데, 그 사실을 아는지 수많은 비둘기가 노트르담 대성당 앞에 모여있었다. 대성당을 바라보며 건너편 노점상에서 산 크레페를 야무지게 먹었다. 비가 오지 않는, 따뜻한 날씨 아래 대성당은 더 웅장해 보였다. 파리에 머무는 동안 한 번도 비가 오지 않았는데 이날도 그중 하나였다. 아무 런 날씨 방해 없이 대성당을 마주할 수 있어서 다행스럽다가도 조금 아쉬웠다. 영화 미드나잇 인 파리의 주인공에 의하면 비 오는 파리는 낭만적이라고 하던 데……

먹자골목으로 추정되는 골목에서 빠져나온 후 다리를 건너 생트 샤펠 성당 에 갔다. 생트 샤펠 성당에서는 루이 9세가 보관해온 예수의 가시관과 십자가 일부도 볼 수 있었다. 구약과 신약 성서의 장면들을 담은 거대한 스테인드글라 스도 있었다. 날씨가 좋아서 평소보다 화려한 스테인드글라스를 볼 수 있었다.

이제 곧 해가 질 시간이 다가왔다. 에펠탑 전경을 보기로 하고 발걸음을 돌 렸다. 그 순간 서서히 불그스름해지는 하늘을 보았다. 저 멀리 고개를 빼꼼 들 고 있는 것 같은 에펠탑도 보였다. 다음 목적지로 향한 곳은 에펠탑 전경을 한

눈에 볼 수 있다고 소문난 몽파르나스 타워였다. 날이 완전히 저물어지기 전의 모습을 놓칠세라 재빨리 지하철 역사 안으로 들어갔다. 지하철 역사 안에서 오케스트라 공연을 마주하게 되었다. 그 어떤 아마추어의 공연보다 훌륭했다.

표 끊고 들어간 지하철 안에서는 수동적으로 돌려야 하는 손잡이를 만났는데 사람들의 행동을 보고 눈치껏 움직여보니 한 번에 문 여는 데 성공했다. 어디든 자동문에 익숙한 나에게 지하철 손잡이는 구식이긴 해도 신선한 재미를 안겨주었다.

파리에서 제일 높은 건물인 몽파르나스 타워 주변에는 백화점과 영화관이 있어 입구 찾는 데 꽤 많은 시간이 걸렸다. 총 59층으로 이루어진 이 건물에서는 대부분이 회사 사무실로 쓰이고 오직 56층의 카페와 59층의 전망대만이 개방되어 있었다. 옥상 전망대로 올라가 보았지만 매서운 바람에 머리카락이 마구잡이로 날렸고 추운 날씨에 콧물이 저절로 흘러내렸다. 카페로 내려와 핫초코를 마시며 몸을 따뜻하게 한 후, 해가 완전히 져서야 다시 올라갈 수 있었다. 전망대에서 본 에펠탑 야경은 기대를 저버리지 않았다. 백색의 진주 목걸이처럼 주변을 환하게 하는 에펠탑은 눈 뗄 새도 없이 아름다웠다. 장난감같이 작아 보이는 에펠탑은 내 손바닥 위에 올려지기도 하고 검지와 엄지손가락으로 퉁겨지기도 했다.

파리에서 쿠프슈타인으로 돌아가는 비행기 안, 파리에서 산 엽서들로 편지 쓰다 졸기도 하고, 커피 마시며 잠을 깨다가 다시 졸았다. 그렇게 반복하기를 밥 먹듯 하다, 빵을 먹으며 창밖을 보니 그새 파리를 떠나 있었다. 파리를 혼자 돌아다닐 때 아무 경계 없이 돌아다녔다고 생각하면 오산이다. 항상 가방을 움켜쥐고 있었고 어깨엔 무서운 긴장감이 돌았다. 이런 겁쟁이가 또 없었다. 무

사 다행으로 여행을 마쳤지만, 어떻게 보면 서서히 사람 냄새를 맡아가며 긴장
이 풀릴 때쯤 여행이 끝나고 말았다. 아쉬움을 감추지 못했다. 가끔 파리가 그
리운 밤이면, 조금씩 나의 경계심을 허물어주었던 정겨운 파리 시내가 그려진
다.

Special.
상황에 따라 달라지는 숙소 유형

숙소에는 다양한 유형이 있다. 첫 유럽 여행이라면 숙소 결정에 있어서 시간 투자를 많이 하기 마련이다. 숙소는 때론 그 여행지의 첫인상을 결정짓기도 하기에 그 중요성은 더더욱 두드러진다. 누구랑 여행하느냐에 따라 숙소가 달라지기도 한다. 어떤 장소에 숙박할지 고민하고 있다면, 이 특별편을 참고하시길 바란다.

가족과 함께하는 유럽 여행이라면

호텔

가족과 머문다는 것의 특징은 부모님이 계신다는 점 혹은 어린아이들이 있다는 점이다. 이들의 공통점은 편안함을 추구한다는 것. 편안함을 추구하기 위해서는 호텔이나 2) 아파트를 우선으로 알아보자.

아파트

에어비앤비에서 현지인들이 사는 아파트를 손쉽게 알아볼 수 있다. 에어비앤비가 낯설다면 망설임 없이 호텔 앱에서 제공하는 아파트를 보도록 하자. 아파트를 추천하는 이유는 유럽 등지에서의 식재료 가격이 무난하거나 싸기 때문이다. 부엌이 있는 아파트 안에서 합리적인 가격 선 안에서 푸짐하게 한 끼를 해결할 수 있다. 재미있는 요리 경연도 펼쳐볼 수 있으며 저녁 시간을 함께 보낼 수 있다.

TIP. 가족끼리 한인민박에 묵는다면?

9월 가족 여행 시 합리적인 가격과 위치만을 보고 숙소를 잡았었다. 체코 프라하에서는 아무 생각 없이 한인 민박을 예약해 묵게 되었다. 민박이 나쁘다는 것은 아니다. 단지 가족 여행 시 민박은 부적합하다고 생각된다. 아파트나 호텔에 머무른다면 가족과 좀 더 오붓이 지낼 수 있다는 장점이 있다. 지금 생각하면 호스텔이 아닌 게 얼마나 다행이었는가도 싶다. 그래도 그때로 돌아갈 수만 있다면 무조건 호텔이나 아파트에서 머무르겠다.

친구와 함께하는 유럽 여행이라면

호스텔

유럽 여행의 대표적인 동반자, 친구와 같이 머문다면 호스텔을 추천한다. 대체로 유럽의 경우 남녀혼용 욕실과 침실을 제공하나 이러한 환경 속이라도 둘이 있어 무섭지 않고, 서로 의지할 수 있어 걱정 없다. 저렴한 가격에 비용 절감까지 할 수 있으니 일거양득! 또한, 다른 나라에서 온 이들과 자유로운 만남은 물론이고 구체적인 여행계획을 짜지 못했다면 호스텔 주인이나 같은 방을 쓰는 여행객들로부터 생생한 여행지에 대한 팁도 얻게 된다.

아파트

다른 이들과 머물기 싫다면, 합리적인 비용으로 현지인 체험을 할 수 있는 에어비앤비를 통해 구할 수 있는 아파트를 제안한다. 실망할 수 있는 여지가 없지 않아 있어도 이곳 에어비앤비에서는 독립적인 공간을 이용할 수 있다. 더 나아가 부엌 사용을 통해 우리만의 요리를 만들어 먹어보자.

에어비앤비 경우 주인과 연락을 해야 하는 다소 번거로운 면이 있으므로 호텔 앱에서 제공되는 아파트 형식의 숙소도 추천한다. 이탈리아에 머물렀을 때 친구들과 함께 방 두 개와 거실 그리고 욕실이 달린, 부엌 없는 아파트를 이용했었다. 셋이서 비용을 나누어 내면 되니까 부담이 덜했고 아파트에선 우리끼리 편안하게 있을 수 있어 매우 좋았다.

한인민박

요리와 거리가 멀거나 한식이 그립다면, 아침 혹은 아침, 저녁 두 타임 모두 한식을 제공하는 한인 민박을 추천한다. 파리 여행 시 친구들과 함께 파리의 안전한 지역 중 하나인 파리 1존에 자리한 한인 민박에서 지냈다. 아침과 저녁 둘 다 한식을 제공하는 민박이라 이곳에서 매일 두 끼를 해결할 수 있었다. 맛은 물론이거니와 사장님의 정에 음식량도 풍부했다. 파리하면 한식이 생각나는 건 기분 탓일까. 뜨근뜨근한 빨간 국물의 감자탕과 지글지글 구워지는 삼겹살이 유독 떠올라진다.

혼자 하는 유럽 여행이라면

호텔

낯선 타지에서 혼자 이동한다는 사실 자체만 해도 대단한 용기가 필요한데 잠까지 자야 하는 상황이라면 결코 경계를 늦출 수 없다. 그러므로 되도록 호텔을 이용하라. 그 이유의 첫째도 안전, 둘째도 안전, 셋째도 안전이다. 덤으로, 하루를 마무리하는 음악을 튼 후 입욕제를 둥둥 떠운 욕조에 몸을 담가 오로지 혼자만의 시간을 가져볼 수 있다.

호스텔

동행을 구하고자 한다면 호스텔을 선택하자. 비용 절감과 동시에 새로운 친구도 사귈 수 있다. 실제로 유럽에서 대다수 젊은이들은 호스텔을 이용하고 있으며 그들은 긍정적인 반응을 보인다. 같은 국적 및 다른 국적의 이들을 만나고 함께 여행하는 기회까지 얻을 수 있다고 하니 얼른 호스텔로 달려가자. 또 어떤 지역은 호텔보다 호스텔이 더 잘되어 있다고 한다. 예를 들어, 스위스에서는 비싼 물가 탓인지 애매한 가격 선에서 고른 호텔보다는 시설 잘되어있는 호스텔이 훨씬 낫다고 한다. 돈을 많이 내고 가야 하는 좋은 호텔에 가지 않은 이상, 예약한 호텔이 혹시나 기대에 못 미칠 수 있으니 호스텔을 가보는 것을 추천한다.

TIP. 유럽에도 게스트하우스가 있다?
한 번은 유럽에도 게스트하우스가 있는 줄 알고, 호텔 앱에서 우연히 발견한 '바나나 게이 하우스'를 '바나나 게스트 하우스'로 착각하고 예약을 하려고 했었다. 영어로 적힌 'Gay'가 마음에 걸려 메시지로 문의한 결과 게이들만 가능하다는 답장이 왔다. 민망함은 나의 몫이었다.

제4부
교환학생만이 할 수 있는 여행 II

우울한 크리스마스와
새해 맞이하기

모든 여행이 행복했다고만 할 순 없었다. 머나먼 타국에 나와 있는 교환학생이라는 신분에 있어 크리스마스라는 유럽의 명절은 사상 초유의 외로움을 안겨주었다. 12월의 런던은 암흑으로 기억된다. 런더너가 없는 런던 시내, 그리고 런던 시민들이 아닌 여행객들로 가득히 메워진 거리는 내가 그동안 생각해온 런던의 거리가 아니었다. 영화 해리포터에서 해리가 크리스마스 시즌에 홀로 기숙사에 남아 보내는 장면이 나온다. 크리스마스가 별로 중요하지 않은 동양인들에겐 아무렇지 않았던 장면이었지만 유럽 사람들에겐 어떻게 다가왔을지 조금 이해할 수 있을 것 같았다. 우리나라에선 연인들의 날이라고 할 수 있는 이 날이 유럽인들에겐 가족들과의 화합이 이루어지는 날이니 이 장면을 본 그들의 충격은 감히 측정할 수 없을 듯싶었다.

런던에서의 일주일

    런던에서의 일주일이라고 하면, 낭만적으로 들릴지 모르겠다. 게다가 크리스마스 이브 날과 크리스마스 당일이 낀 일주일이라고 하면 더더욱 그렇게 느껴질지도 모른다. 하지만 아이러니하게도 크리스마스 때문에 런던에서의 일주일은 오히려 낭만적이거나 따스하지 않았다.

    런던은 전형적인 유럽 분위기와는 다른 분위기를 풍기며 유럽의 전형적인 이미지에서 탈피하고자 하는 몸부림을 치는 것 같았다. 런던은 과거와 현재가 공존하는 도시였다. 현대물 건물들이 세워져 있는 한편, 그 옆에선 오랜 시간 보존되어있는 궁전이 있었다. 런던은 어떻게 보면 뉴욕 같기도, 홍콩 같기도 했다. 크리스마스를 낀 이곳에서 보낸 시간은 외롭고 쓸쓸했다. 영국인들에게 크리스마스란 가족끼리 집에서 함께 시간을 보내는 명절 같은 존재였고 휴일과 같은 날이었기에 직업 종류와 관계없이 대부분 가게가 문을 닫았다. 문득 아르바이트생조차 쉬지 못하는 우리나라 설날 명절이 떠올랐다. 물론 예외가 있었다. 호텔 주변의 음식점이나 동양인들이 운영하는 가게는 관광객들을 위해 혹은 자신들과 상관없는 휴일이므로 문을 열었다. 하지만 관광객으로서 현지인이 많이 가는 가게에 가고 싶었다. 관광지 중심인 곳에는 발길이 잘 닿지 않았다. 유럽 여행 몇 개월 차, 까다로운 관광객이 되어있었다.

시월부터 계획해온 여행이었다. 그러나 런던에서는 전혀 크리스마스 분위기를 찾아볼 수 없었다. 설상가상으로 크리스마스 당일에는 모든 교통편이 없었다. 배낭여행객들은 오직 자신들의 발에만 의존해야 했다. 크리스마스 휴일에 런던을 선택한 내가 바보 멍청이였다.

다행스럽게도 크리스마스 휴일이 지나 며칠 동안 런던의 사소한 매력을 발견하는 시간을 가질 수 있었다. 하루는 이어폰을 꽂고, 오른쪽은 런던아이, 왼쪽은 국회의사당과 빅벤이 보이는 웨스트민스터 다리를 걸어갔다. 런더너처럼 낮과 밤의 런던 풍경을 일상의 한 부분처럼 맞이하였고 종일 박물관 관람 및 밤에 하는 뮤지컬 감상을 통해 문화생활을 즐겼다. 그렇게 잠깐 런더너가 되어 보았다.

예술의 도시, 더블린

안개가 많이 낀 날, 비행기가 뜰 수 없을 것만 같은 날씨에 아일랜드로 갈 준비를 하였다. 짙은 안개 속 두 날개에 의지한 채 사람들을 태운 커다란 새는 하늘을 높이 날았고 뜻밖에 안정감 있게 착지하였다. 비행기에서 내려 친구 앨리스의 뒤를 졸졸 따라가 더블린 도심으로 인도해줄 버스에 올라탔다. 버스 안은 관광객들과 12월의 마지막 주를 가족과 함께 보내기 위해서 온 사람들로 가득했다.

더블린의 첫 느낌은 개인적으로 런던보다 훨씬 좋았다. 일반적인 도시 같은 삭막함이 없었고 무심한 표정으로 일터와 집을 오가는 사람들도 눈에 띄지 않았다. 어떻게 보면 일정한 규칙 없이 자유분방해 보였다. 그리고 이 자유분방함에서 알 수 없는 쾌감을 느꼈다. 거리에는 어느새 술에 취하거나 분위기에 취한 이들로 메워지고 있었다.

　그 순간 긴장이 풀렸다. 이 낯선 땅에서 술로 함께 되는 이들을 지켜보기만 해도 취할 것만 같았다. 알코올을 입에 대기도 전에 말이었다. 와자지껄한 광장 한쪽에서는 철봉 오래 매달리기가 진행되고 있었고 거리에 쭉 늘어진 가게들 앞에서는 가게 유니폼을 입은 이들이 광고지를 날리는데 바빴다. 술로 시작되고 술로 끝나는 더블린의 일상이 막 문을 열고 있었다.

1일 3맥주

수많은 선술집을 지나쳐 도착한 곳은 화려한 위스키와 맥주병의 외부 장식으로 눈길을 끈 곳이었다. 용기를 내어 문을 밀고 들어가 보니 두 아저씨의 흥 넘치는 라이브 공연이 펼쳐지고 있었다. 밖에서 안의 상황이 안 보이는 곳이어서 별로면 어쩌나 했는데 괜한 우려였다. 더블린에서 맛없는 맥줏집은 절대 없었다. 자리를 둘러보니 이미 빽빽하게 여러 명의 사람으로 채워진 지 오래였다. 운 좋게 빈 테이블이 있어 착석했고 곧바로 기네스 생맥주를 두 잔 시키려고 하던 차 테이블 담당 웨이터가 왔다. 그에게서 한국 사람 느낌이 났다. 가수 민경훈과 닮았다는 생각을 하는 순간 한국말이 들려왔다. "한국인이세요?"

더블린에서 워킹 홀리데이를 하고 있다는 그는 외모도, 마음씨도 훈훈하였다. 분명 치킨 요리 하나에 맥주를 무려 석 잔씩이나 마신 기억이 있었는데 영

수증을 확인해보니 가격이 더 적게 나왔다. 우리에게 서비스로 맥주를 각각 한 잔씩 넣어준 것이었다. 이게 바로 한국인의 정인가 싶었다. 그가 권유한 이 집만의 라거 맥주를 맛보았던 것만 해도 즐거운 추억거리가 되었는데, 이렇게 깜짝 선물까지 주어 놀라웠다. 놀람과 동시에 드는 행복감에 입을 다물 수 없었다. 사교성이 좋은 친구 앨리스 덕분에 그와 함께 사진을 찍어 인증 사진을 남겼다.

술과 새해

2016년 12월 31일 오후 5시, 한적한 골목에 위치한 작은 펍 안에서 생맥주를 주문하였다. 생각보다 협소한 곳이었지만, 생맥주를 뽑아내는 기계와 그 뒤에 쫙 깔린 위스키 병들을 보니 술맛에 대한 신뢰가 생겼다. 지금 생각하면 맥주보다 위스키나 보드카를 시켜도 좋았을 법했다. 바 주변에 서성이는, 오토바이를 몰 것만 같은 큰 덩치의 아저씨들의 말소리로 인해 가게 안은 잔잔한 파동이 일렀다. 사람들 틈에 마주 보고 앉은 우리는 맥주를 거듭 들이켰다. 생각보다 조용한 펍의 분위기는 서부 영화에 나올법한 동네 술집을 떠올리게 했다. 이곳에서 우리는 하나의 의식을 치르듯이 맥주를 들이키며 2016년 마지막을 기다렸다.

저녁 식사를 하고 왔지만 닭 다리 요리를 주문했다. 닭 다리 세 점에 맥주 한 모금. 이 어긋난 장단에 안주가 눈 깜짝할 새 동이 나고 말았다. 9시가 요리를 주문할 수 있는 마지막 시간이라 해서 급히 순살 치킨도 시켰었다. 아일랜드에서만 마셔볼 수 있는 기네스 생맥주만 마셔도 좋았지만, 치킨과 맥주를 같이 먹는 치맥이 당겼기 때문이다.

바에 오기 전 잡동사니를 파는 가게에서 구매한 책을 꺼내 들었다. 손바닥만 한 책 속에는 한 페이지씩 헤밍웨이를 포함한 여러 유명인사가 남긴 맥주 관련 어구들이 적혀 있었다. 책을 무작위로 펼쳐 그들의 재치있는 입담을 마주했다. 헤밍웨이의 "Drinking is a way of ending the day."를 곱씹으며 벌써 맥주 네 잔째가 들어가고 있었다. 우리는 책에 적혀있는 문구 옆 작은 공간에다가 서로에게 해줄 2016년의 마무리 인사를 적어 넣었다. 그리곤 상대방에게 보여주었다. 차가운 얼음 같은 맥주의 한 모금을 마셨는데도 서로에 대한 말 한마디로 온몸에 따뜻한 온기가 채워졌다. 객지에서 머무는 2주 동안 곁에 있어준 고마운 친구 앨리스. 그녀 덕분에 나는 런던에서 길을 잃어버리지 않았고, 더블린에서는 맛있는 생맥주를 맛볼 수 있었다. 크리스마스에 이어 새해까지 함께 보내면서 우리는 서로에 대해 더 많이 알게 되어 더 가까운 사이가 되어 있었다.

3, 2, 1. 2017년 1월 1일 0시. 새해가 왔다. 우리는 힘차게 서로를 껴안아 주었다. 만약 지구 밖 외계 생명체가 있다면, 똑같은 날뿐인데 의미를 새기는 멍청한 짓을 하고 있다고 할지도 모른다. 그러나 우리에게는 분명히 특별한 날이었다. 타지에서 맞는 새해는 서로에게 애틋해지는 순간을 만들어 주었다.

2017년이 되어도 아직은 날이 어두운 새벽 1시, 숙소로 돌아와 트렁크 가방에서 가져온 비빔면을 고스란히 꺼냈다. 봉지 채로 간편한 조리를 끝낸 후, 새콤달콤한 양념이 혀에 닿았고 2017년의 위는 가느다란 면을 맞이했다. 이로써 우리는 비빔면으로 상큼한 새해를 맞이하였다.

더블린 문학의 거리

오스카 와일드가 거닐었을 메리온 스퀘어로 산책을 나섰다. 밤새 비가 왔는지 물에 젖은 벤치에 앉아 서브웨이 샌드위치를 해장으로 먹은 후, 빨간 벽돌이 인상 깊은 죠지안 건물을 지나 골목 사이 걸어 보았다. 독창적인 간판과 외관 디자인으로 이목을 끄는 가게들이 나란히 놓여있었다. 중간중간에 2, 3층 가정집으로 올라갈 수 있는 입구로 추정되는 빨간색, 초록색 대문이 있었다. 마치 영화 싱스트리트의 한 장면이 문득 생각났다. 골목을 거닐면 어디선가 기타를 치는 소년이 다가와 어깨를 툭 치고 지나갈 것만 같았다.

한적한 주택가에서도 섬세하게 묘사된 그라피티를 곳곳에서 발견할 수 있었다. 이곳 더블린에서 예술이란 인위적으로 만들어지는 것이 아니었다. 그들이 전체적으로 아울러 공존하게 하는 것은 더블린만의 특징이었다. 더블린은 중심가에서 벗어나도 더블린이었다. 오히려 사람들 사는 마을에 다다라서야 더블린만의 개성을 더 뚜렷하게 느낄 수 있었다. 지붕 위에 조르르 앉아있는 새들도 그림 같았고 길옆 콘크리트 벽에 적혀있는 'BEE HAPPY'와 벌 옷을 입은 아이의 뒷모습 그림은 매력적으로 다가왔다.

밤이 되자, 거리의 등이 주변을 은은하게 밝혀 주었다. 더블린은 마지막 날까지 아름다운 문학이었다. 겉만 번지르르하게 포장하여 유행에 맞춰 내놓은 상업용 문학이 아니라 현대적인 미와 함께 옛것을 살린, 있는 그대로를 표현한 순수 문학이었다. 그 순수 문학의 탄생은 역사적으로 핍박이라는 아픔과 독립 투쟁에서 온 것이 아닐까 싶었다. 술과 낭만이 있었기에 제임스 조이스 같은 유명한 소설가들이 탄생했다. 독자적인 위치를 지키고 있는 아일랜드의 수도 더블린에서 짧지만 진득하게 머물며, 잠시나마 그의 매력을 탐닉하였다.

휴대폰 없이 떠난 여행

그는 일어나지 않았다. 그저 검은색 바탕의 음침함만 이루고 있을 뿐이었다.

마트에서 아차 하는 사이 스마트폰을 떨어뜨렸다. 화면이 깨지지도 않았는데 재차 흔들어보고 배터리를 교체해봐도 스마트폰은 깨어나지 않았다. 스마트폰을 떨긴 지 몇 초만에 화면이 사망하고 만 것이었다. 한국이라면 바로 수리센터로 달려갔을 텐데 현실은 유럽의 한 시골 마을이었다. 속이 꽉 막히는 것이 느껴질 정도로 막막했다. 현지 서비스 센터에 가보았더니 스마트폰이 한국에서 구입한 제품이라 이곳에는 부품이 없다고 했다. 휴대폰을 고칠 수 있는 곳으로 소포를 보내거나 필요한 부품을 국제 우편을 통해 공수받아 고칠 수 있을 텐데도 말이다. 내가 직접 큰 도시로 나간다면 해결책을 찾을 수도 있었겠지만, 왕복 40유로 정도 하는 기차를 타고 큰 도시로 간다 해도 한 번에 해결될 것이라는 보장이 없었다. 교통비가 두세 번 이상은 들 수 있고 스마트폰을 고치지 못한 채 교통비만 탕진할 가능성도 있었다.

곰곰이 생각해본 결과, 엄마에게 부탁해 공기계를 받기로 했다. 엄마와의 대화 끝에 엄마의 옛 스마트폰이 떠올라졌기 때문이다. 배터리 없는 경우에만 휴대폰을 소포로 보내는 것이 가능하다고 하기에, 이곳에서 알맞은 배터리를 주문하여 스마트폰을 맞이할 준비를 하였다. 배터리 5만 원 비용을 끝으로 험난한 여정이 마침표를 찍었다.

엄마로부터 스마트폰을 받기 전, 나에게 어딘가로 떠나고 싶은 내가 속삭였다. 이번 주말부터 월요일까지 2박 3일의 시간이 비는데 여행을 하지 않겠냐는 제안이었다. 어디선가 알 수 없는 용기가 솟구쳤다. 시험이 얼마 남지 않았지만 집중해서 공부하면 잘 될 것만 같은 힘이 솟구치듯이 휴대폰 없이 여행해도 괜찮을 것만 같은 근거 없는 자신감이 들었다. 그래 가보자. 어떻게든 되겠지. 노트북만 챙기고, 휴대폰 없이 떠난 여행기를 시작해보겠다.

뮌헨으로 가는 기차에 탑승하였다. 뮌헨으로 떠나기 전, 쿠프슈타인역에서 종일 독일 해당 소수 지역을 돌 수 있는 25유로짜리 바이에른 티켓을 샀다. 이 티켓을 이용하자면 본래 M이나 RE로 시작되는 기차만 탈 수 있었다. 고로 새벽 기차를 이용하게 되었다. 무사히 열차에 오르니 긴장이 풀림과 동시에 피곤해졌다. 뮌헨 중앙역에 도착하고 나서는 다음 기차 시간 전까지 20분이 남았다. 허겁지겁 자주 가는 초밥 전문점에서 기분도 낼 겸 개수가 무려 14개나 되는 초밥 도시락을 샀다. 기차역 한가운데에 위치한 카페에 들리는 것도 잊지 않았다. 커피 한 모금으로 하루를 시작하는 것만큼 행복한 건 없으니까. 카페 아저씨는 기차를 놓칠까 초조해하는 나를 위해 커피를 빠르게 내려주셨다.

새벽 7시 35분, 로텐부르크 방향의 기차에 올라탔다. 초밥을 먹으며 기차가

움직이기만을 기다렸으나 출발시각이 5분이나 지났는데도 여태 움직이지 않았다. 그리고 갑자기 기차가 뒤로 후진했다. 한참을 잘 달리고 있었는데 한 시간 동안 멈추더니 다시 뒤를 향해 가는 것이었다. 이게 뭔 일인가 싶다가도 침착하게 독일어로만 제공하는 안내 방송에 귀를 기울여보았다. 독일어인 "뮈닉"을 반복하는 거로 보아 뮌헨역으로 다시 간다는 것 같았다. 뭐가 어떻게 되는 걸까. 나 로텐부르크는 갈 수 있는 걸까. 시간은 이렇게 지체되고 스마트폰도 없는데 다시 쿠프슈타인으로 돌아가라는 신의 계시인가? 별의별 생각이 다 들었다.

열차가 뮌헨 중앙역으로 돌아가 정차했을 때, 마침 지나가는 여성 탑승객에게 "Do you speak English?"라고 물어 무슨 일인지 물어보았다. 조금 영어를 할 수 있었던 독일인으로 추정되는 여자분은 놀랍게도 아무것도 모르고 있었다.

기차에서 나와 뮌헨역에서 만난 역무원조차 설명을 잘 해주지 않았다. 그 여자 분은 역무원조차 잘 모르고 있다고 전달해주었다. 정말이지 기가 막혔다. 우리 나라에서 이런 일이 생긴다면 어땠을지 가정해보았다. 안 봐도 훤했다. 민원을 넣는 건 물론이고 SNS에 이 소식을 전파해 뉴스 나고 난리 났을 것이었다. 고객 님 죄송합니다. 보상해드리겠습니다. 연거푸 사과할 우리나라 직원들과 달리 독일인 역무원의 태도는 어떻게 보면 차분했고, 또 어떻게 보면 뻔뻔했다. 당 황해 우왕좌왕하는 탑승객 앞에서 역무원은 침착한 태도로 열차가 다시 출발 할 예정이니 기차 안으로 들어가라고 지시했다. 입에 거품을 물며 화를 낼 우 리나라 사람들과 다르게 역무원과의 대화가 끝난 탑승객들은 덤덤하게 자리 로 돌아갔다. 덩달아 나도 방금 무슨 일이 있었냐는 듯한 최면에 걸리고 말았 다. 화가 나지 않았고 역무원의 잘못이라는 생각도 들지 않았다. 무슨 일이 생 기면 사람의 탓을 하기 전에 기계를 살펴보고 절차를 해결하는 독일 사회는 무 조건 사람 탓으로 돌리고 사과를 하는 것이 당연시된 우리나라 사회와 현저히 비교되었다. 보고 배워야 할 점이었다. 누구에게 내 속마음을 이야기하지 않았 는데 절로 부끄러워졌다.

다행히 열차는 정상 운행을 시작했고 기차는 뮌헨역에서 서서히 멀어졌다. 스마트폰 없이 가다 보면 창밖 자연 전경을 한없이 바라보게 된다. 바라보다가 9월 가족과 함께했던 시간이 머릿속에 떠올랐다. 열심히 스마트폰을 보는 맏 딸 옆에서 묵묵히 폴더폰을 꺼내 걸음 수를 확인하였던 아빠의 행동이 아른거 렸다. 가족과 이동할 때, 잠시 스마트폰을 멀리하고 더 많은 담소를 나눌걸 후 회되었다. 점차 스마트폰을 멀리하고 바깥세상과 소통하는 법을 깨달은 소녀 는 자신에게서 스마트폰 안 세상과 멀리하려는 마음가짐을 발견하였다.

시곗바늘은 어느새 정오를 가리켰고 나는 아직 로텐부르크에 도착하지 못

했다. 트로이히틀링엔역이라고 쓰여 있는 안내판을 보고 환승을 위해 내렸다.
이제 슈타이나흐역으로 가야 하는데, 열차가 30분 뒤에 출발한다고 했다. 시간
이 남아 단 몇 가지 상품이 놓인 역사 내 작은 슈퍼마켓 안으로 들어갔다. 역사
내 유일한 슈퍼라 그런지 가격이 비쌌다. 이것저것 살펴보다가 따뜻한 코코아
한 잔을 마시기로 했다. 초콜릿이 설탕에 풍덩 빠진듯한 달콤함을 느끼며 기차
안에서 책을 읽으며 시간을 보냈다. 인내심이 길러진 걸까 천하제일의 성급했
던 나는 예상 도착 시각보다 꽤 많이 늦었음에도 행복했다. 이러한 여행 패턴
에 익숙해진 걸까.

　오후 1시 47분이 되어서야 슈타이나흐역에 다다랐다. 드디어 로텐부르크에
온 것이었다. 이른 새벽부터 부랴부랴 출발해 우여곡절을 겪은 후 끝내 도착이
라는 결과를 거머쥐었다. 바쁘게 오느라 머리를 감지 않아 꾀죄죄한 것 빼곤

기분 좋은 오후였다.

휴대폰 없이 여행하니, 유심이 없어 스마트폰의 존재가 흐지부지했던 스위스 여행이 떠올랐다. 유럽에서는 워낙 와이파이망도 잘 되어 있지 않아 그 나라의 데이터 유심이 없는 것은 스마트폰이 없는 것과 비슷했다. 그래서 자주 독서에 몰입하게 되었고, 그러다 보면 불현듯 불안감이 엄습해왔다. 여행 중이 책을 다 읽게 되면 읽을거리, 즉 놀 거리가 없게 되는 것이기 때문이었다. 다행히 책 읽다 잠들기를 반복하였다.

도착한 호텔 외관은 옛 독일풍으로 헨젤과 그레텔을 홀린 과자집 혹은 피노키오와 할아버지가 오손도손 살고 있는 집 같았다. 내가 묵은 1인용 침실은 아담해서, 과연 체격이 큰 독일인들이 편히 쓸 수 있을까 하는 생각이 들었다. 침대에 엎드리자마자 길었던 여정에 피곤했는지 그대로 잠이 들었다.

고난의 연속이었던,
밤베르크 당일치기

이른 아침부터 숙소를 나섰다. 독일의 베네치아라고 불리며 쌉싸름하고 훈
제 향으로 가득한 훈제 맥주가 있는 밤베르크로 가기 위해서였다. 역에서 표를
끊고 있는 동안, 등 뒤에서 독일 부부 중 아주머니께서 말을 거셨다. 중국인 여
자친구를 둔 자기 아들 이야기부터 시작해서 뷔르츠부르크 중앙역을 가는 이
유가 자신의 첫째 아들 내외를 보기 위해서라고 하시며 스스럼없이 대하셨다.
인상이 밝으시고 마음씨까지 따뜻한 분이셨다. 계속 웃어주시고, 이것저것 여
쭤봐 주셨다. 혼자 여행 다니는 동양 여자를 하나의 인격체로 대하며 나에 대
한 이야기를 계속 들어보고 싶어 하였다. 그래서 뷔르츠부르크 중앙역에 내려
독일 아주머니와 헤어지는데 눈물이 나오려고 했다. 그 나라에 대한 인상은 그
나라 사람들에 의해 만들어지는 것 같았다. 독일의 차갑고 냉소적이고 인색한

이미지가 해바라기같이 활짝 핀 아주머니를 만나고 난 후에 사르르 눈 녹듯 사라졌다. 내 마음속에서 독일인에 대한 고정관념이 자취를 감추었다.

유럽 여행을 하다 보면 SNS나 인터넷 카페를 통해 동행으로 만나 같이 다니는 한국인들을 많이 목격한다. 그러나 줄곧 혼자 여행을 고집했던 나를 보면, 어떤 이는 의문점을 가질 것이다. 사람을 좋아하고 혼자서 다니면 위험할 수도 있는데, 왜 동행을 하지 않았나 하고 물어볼 것이다. 나 또한 새로운 사람을 만나는 것을 좋아한다. 그러나 예정되어있는 헤어짐을 싫어하는 바다. 독일 아주머니와의 만남을 계기로 왜 새로운 사람을 만나지 않으려는지 알게 되었다. 떠나 보내는 마음은 무겁고 슬프니까.

뷔르츠부르크역에서 밤베르크행 기차를 탄 후 자판기에서 1유로로 산 젤리를 꺼내먹었다. 놀랍게도 딱딱한 게 맛이 없었다. 입안에서 오랫동안 오물거려도, 딴 생각하다 씹어봐도 맛없긴 마찬가지였다. 젤리도 누군가와 함께 먹어야 맛있는 거였다. 수첩에다가 플랫 냉장고에 어떤 식료품이 남았는지 기록도 하였다. 그리고 쿠프슈타인에서의 얼마 남지 않은 시간 동안 어떻게 활용할지도 궁리해보았다. 그러는 동안 짐을 가득 갖고 타신 아주머니께서 독일어로 앉고 있는 방향이 정방향인지 혹은 역방향인지 여쭤보셨다. 몸짓으로 대충 알아듣고 정방향이라고 답해드렸다. 그와 동시에 역무원이 표 검사를 시작했다.

전형적인 무뚝뚝한 독일인 역무원 앞으로 당당히 표를 내밀었다. 이날 사들인 티켓은 바이에른 티켓이 아닌, 밤베르크와 로텐부르크 두 곳으로 자유자재로 왔다 갔다 할 수 있는 다른 유형의 티켓이었다. 그 티켓이 뷔르츠부르크를 포함하지 않는다는 것을 알지 못했었다. 옆에서 독일인 아주머니께서 열심히 목소리 내어 이 동양 여자애는 잘 몰랐다고 변호해주셨다. 하지만 역무원은 원래 방침상 밤베르크에서 뷔르츠부르크로 가는 표의 값을 요구했다.

　역무원이 지나간 후, 아주머니는 가방에서 오렌지 하나를 꺼내 내 앞 테이블 위에 올려놓으셨다. "이거 먹어 학생." 꽉 막힌 역무원을 향한 분풀이를 대신 해주셨다. "내가 그래서 싫어. 융통성을 조금만 더 가지고 있으면 좋은데." 결국 역무원에게 돈을 내게 되었지만 돈보다 더 값진 오렌지를 얻었다.

　다다른 밤베르크역에서 중심가로 걸어가 먼저 들린 곳은 신궁전이었다. 밤베르크 신궁전의 입장료에는 가이드 비용이 포함되어있었다. 신궁전을 구경하는 이가 나밖에 없어서 졸지에 1인 안내를 받게 되었다. 열정적으로 설명해주시는 독일인 가이드분으로 인해 밤베르크의 역사를 자세히 알 수 있었다. 2차 세계 대전 때 유일하게 피해를 받지 않은 밤베르크는 지금에서야 보수를 받고 있었다.

　신궁전 안은 밖의 공기보다 더 차가웠다. 영주가 이곳에 살았을 적 얼마나 추웠을지 가늠을 할 수 있었다. 추웠던 것 빼곤 모두 다 완벽했다. 밤베르크 신궁전에서 경험한 1인 1 가이드는 돈 주고도 살 수 없는 소중한 경험이 되었다. 가이드는 유창한 영어 실력으로 농담까지 섞어가며 재미있게 이야기를 풀어나갔다. 그야말로 재치 만점 만담 꾼이었다. 유럽 여행 중 바티칸 투어를 포함한 수많은 가이드 투어를 경험했지만, 이만큼 완벽했던 투어는 없었다.

　신궁전 관람 후, 레이스로 장식된 카페 안으로 들어갔다. 핫초코를 주문한 후, 아이들이 있는 가족으로 가득 찬 공간에서 빈자리가 보여 냉큼 앉았다. 딱딱한 의자에 앉다가 용기 내 널찍한 소파에 앉았다. 나른 나른해지며 졸음이 쏟아졌다. 카페 안 사람들은 모두 스마트폰을 보지 않고 서로의 얼굴을 마주보며 끊임없는 대화를 나누었다. 아무것도 하지 않고 그들만 바라봐도 따스한 온기가 전해왔다. 과감히 주문한 대용량의 핫초코를 단숨에 비워내곤 잘게 자른 바나나가 얹혀 있는 초콜릿 케이크를 시켰다. 케이크의 맛은 평범했지만 공허한 마음을 달래기엔 충분했다.

　저녁 시간이 다가오자, 밤베르크에서 유명하다고 하는 돼지 요리를 먹기 위해 당당히 유명 식당 안으로 들어갔다. 식당 안과 밖은 밤베르크의 대표 맥주이자 정말 이름 그대로 훈제 맛이 나는 훈제 맥주 라우흐비어를 마시는 사람들로 가득했다. 친절한 종업원의 안내 하에 자리에 착석했다. 오랜 시간 다져온 여행으로 익숙해진 유럽식의 메뉴 주문법에 따라 먼저 훈제 맥주를 시킨 다음,

돼지의 어깨 부위 요리 슈펠라를 주문하였다.

십 분도 안 되어 요리가 나왔다. 진짜 빨리 나와 감탄을 하였다. 돼지의 어깨 부위는 특징이 다른 두 부분을 동시에 맛볼 수 있었는데 껍질은 쌀을 튀긴 맛이 나는 바삭함을 가지고 있었다. 살코기는 쫀득하면서도 부드러웠다. 오후에 케이크 한 조각을 해치운 바람에 배 터져 죽을 것 같았지만 거의 다 해치웠다. 건너편 자리에 앉은 두 명의 한국인 여성분들이 나눠 드신, 돼지 다리 요리인 학센보다 더 많이 먹은 듯했다. 맥주까지 포함해 단 13유로밖에 되지 않은 식사는 그 이상의 행복감을 선사하였다.

그러나 로텐부르크로 가는 기차를 기다리며 인내심이 다하여 분통이 터지고 말았다. 타게스 티켓은 바이에른 티켓에 비해 6유로나 싸서 그런지, 그만큼의 가치를 하지 못하였다. 뷔르츠부르크를 포함하지 않은 경로는 물론이고 기차 시간 간격 사이가 심각하게 띄엄띄엄 있었다. 그뿐만이 아니다. 기차역 사이의 시간은 짧아도 세 번이 아닌, 무려 네 번을 갈아타야 했었다.

겨우 기차에 탑승해서는 오늘의 생각을 정리해보았다. 유럽 여행을 하려면 여유가 많아야 할 것 같다는 깨달음을 얻었다. 나는 여유가 없는 편이었다. 이곳에서 여유를 배웠고 여유의 필요성을 느꼈다. 예상치 못한 복병이 닥칠 수 있고 시스템을 잘 알지 못할 경우 문제점이 쉽사리 생기기 마련인 것이 여행이라는 사실을 알았다. "괜찮아. 다 잘 될 거야." 여유 혹은 인내심이 요구되는 것이 여행이었다.

2017년 1월의 나는 2016년 9월의 나보다 훨씬 나아졌다. 미소도 되찾았고 나름의 여유도 가지게 되었다. 한 시간의 기차를 기다려야 했던 순간에도 덜 초조했고 오히려 오늘 하루 잘 보내서 감사한 시간을 가졌다.

세상은
좋은 사람으로 가득하다

시작부터 휘청거렸던 이번 여행기는 무사히 끝을 달리고 있는 듯했었다. 그러나 스마트폰 없이 여행하겠다고 엄포한 나의 마음가짐을 하늘이 시험하고 싶었던 것일까. 나도 모르는 사이 무시무시한 관문이 다가오고 있었다. 밤늦게 도착한 로텐부르크역은 가로등마저 없어 어두컴컴했다. 드넓은 차가 다니는 거리와 인도에는 인적 하나 없어 고요했다. 호텔이 위치한 관광지 중심가로 이동을 해야 했는데 매섭게 부는 추위에 오후까지 멀쩡했던 방향 감각이 없어졌다. 날만 따뜻했다면 상황이 좀 더 나아지지 않았을까. 격렬하게 부는 냉동 바람에 더는 움직이지 않으면 그대로 얼고 말 것 같았다. 이대로 죽게 할 것만 같은 추위와 공포에 이가 떨렸다.

주변에 보이는 케밥 집 문을 두드려보았다. 중동 쪽 사람으로 추정되는 케밥 집 사장님께서 나오셨다. 호텔을 가야 하는데 이곳에 발이 묶였다고 추위에 언 입을 간신히 움직여 속사포 랩을 하였다. 무슨 일인지 이해하셨는지 그분께서 아버지뻘로 보이는 할아버지를 부르셨다. 할아버지로 추정되시는 분은 차 키를 들고 나와주셨고 순식간에 차로 중심가에 내려다 주셨다. 차로 이동한 거리는 꽤 먼 거리였다. 그 거리를 이동하는 동안 그분은 아무 말 없으셨고, 돈으로 보상도 요구하지 않으셨다. 정말 아무런 보상 없이 밤늦게 길 잃은 동양 여자애를 구해주신 것이었다. 잊지 못할 생명의 구세주셨다. 순식간에 죽을 뻔했다가 살았던 일이었기에 그분들의 존재는 지금도 잊을 수 없다.

역무원 앞에서 당황했던 나에게, 위로의 선물로 오렌지를 건네셨던 독일 아주머니는 마지막으로 작별 인사를 나눌 때 나에게 이런 말씀을 남기셨다. "God bless you."

휴대폰 없이 떠난 여행에서 생길 일은 한 치 앞도 볼 수 없었다. 무사히 숙소로 돌아와 따뜻한 물에 세수하였을 때야 비로소 방금 있었던 일에 대한 실감이 났으며 살아있음에 감사했다. "God bless you." 신의 가호가 있기를. 무심코 했을 수도 있지만, 그녀의 진심이 전해진 걸까. 그녀의 말씀이 계속 귓가를 맴돌았다. 내가 여행 떠나기 전 나에게 했던 말이기도 했다.

여행에 대한 느낌은 여행지 자체보다 주변 요소에 의해 결정된다는 말이 있다. 기나긴 여행이었다. 좋은 사람들을 만났고, 나는 혼자가 아니었다. 오늘날까지도 "신의 가호가 있기를" 문구는 나의 가슴을 울리고 있다.

친구가 있는 곳에 놀러가기,
독일 오스나브뤼크

파리에서 함께 여행했던 친구 중 독일 오스나브뤼크에서 교환학생으로 머무는 친구의 이름은 데이라고 한다. 혼자 새로운 여행 장소를 탐험하는 것에 대해 싫증을 느끼고 있었던 차, 네덜란드에서 교환하고 있는 친구 유정이가 데이의 집에 머물렀다는 얘기를 들었다. 데이에게 페북 메시지를 보내 자연스럽게 나도 그 집에 머무르고 싶다는 신호를 보냈다.

"데이, 다음 주 주말 긴 나흘 동안 시간 비어?"

"언니, 다음 주는 시험 주라 힘들 거 같고, 다다음 주엔 시험 끝나서 괜찮을 거 같아. 그럼 오는 거야?"

미리 자주 놀러 가고 싶다고 암시를 해놓았더니 바로 승낙을 받았다. 곧바로 답장 메시지를 보냈다. "물론이지. 고마워 초대해줘서."

저녁 9시, 야간기차에 올라탔다. 침대의 끝에 앉아 넓은 창을 통해 보이는

0.1초마다 스쳐 지나가는 풍경을 바라보았다. 밤이 짙어 잘 보이지 않았지만, 산속에서는 짐승 한 마리가 튀어나올 것만 같았다. 밤부터 또 다른 하루가 시작되는 우리나라가 그리워지는 시간이 어김없이 찾아왔다. 가로등 불만이 깜박거리는 쿠프슈타인역에는 오랜 여정을 나아갈 기차가 요란한 소리를 내며 다른 목적지를 향해 달려갔다.

역마다 꺼져가는 가로등 불빛만이 깜박거렸다. 야간기차에는 여행자보다 출장 다녀오는 듯한 사람들로 가득했다. 표에 적힌 번호를 찾아 칸에 들어가 짐을 풀었다. 이제 낯선 풍경도, 같은 칸에서 마주할 사람도 두렵지 않았다. 지구 반대편에서는 하루가 시작되는 시각이기도 한, 밤 9시. 보통 야간 기차의 출발은 11시부터 이루어지지만 쿠프슈타인과 오스나브뤼크 사이의 거리는 꽤 멀었기에 하는 수 없이 저녁 먹자마자 기차를 올라타 반나절을 보내게 되었다. 새벽 즈음 도착할 하노버역에서는 또다시 기차를 갈아타야 했었다.

심심할 것 같아 가져온 에델바이스 병맥주를 꺼냈다. 혼자 조용히 마시려 했는데 이 좁은 공간에서 약 8시간 동안 같이 지낼 독일 남자가 말을 걸어왔다. 돈을 아끼고자 선택한 혼성 6인실에서는 일행으로 보이는 독일인 여자와 남자가 먼저 타고 있었다. 그들은 커플로 보이지 않았고 회사 동료인 듯했다. 둘 다 무뚝뚝해 보였다. 남자는 기차 타기 전, 술을 마셨는지 약간 흥분된 상태에 있었다. 그에게 말없이 맥주 한 잔을 건넸다. 여자에게도 건넸으나 일찍이 잠들 채비를 하는지 그녀는 거절했다.

맥주를 마시며 그와 이것저것 말하다 집에서 보내준 쌀과자를 가져온 것이 생각났다. 하나를 입에 물고, 나만 먹기엔 정 없어 보여 그에게도 과자를 쥐어 주었다. 쌀과자가 들어가자 조용해지는 듯하더니 다시금 수다가 재개되었다. 그는 영국의 아침 식사를 잉글리쉬 브랙퍼스트라는 이름을 붙이는 것을 이해하지 못한다는 것부터 시작해서 그들이 먹는 아침 메뉴가 이상하다는 의견을 내놓았다. 술이 들어가서 그렇게 말하는 걸까. 원래 그런 식으로 말하는 걸까. 그의 두서 없는 말 행진이 끝도 없이 이어졌다. 이내 뒷모습을 보인 채 누워있는 동료의 행동이 이해되기 시작하였다.

고개를 들어 맥주병에 남은 한 방울까지 찾는 것에 온 정신을 쏟고 있을 때 그는 중국인 집주인이 아침에 수프를 먹는 모습이 기괴했다고 했다. 그에게 우리나라의 개고기 이야기를 꺼내면 어떨까 문득 궁금해졌다. 그는 자신의 궤변을 멈추고는 두서없이 질문을 던졌다. "그래서 어디서 교환학생으로 지낸다고?"

"쿠프슈타인에서 지내는 이유를 도통 모르겠다," "스키 산이 있는 그곳에 학교가 있었는가?" 등등 나에게 쓴웃음을 짓게 한 그 남자와 그의 일행이었던 여자는 새벽에 내렸는지 다음 날 아침에는 온데간데없었다. 약 한 시간을 더 가야 했던 나는 똑똑 문 두드림에 인기척을 느끼곤 일어섰다. 주먹을 쥔 내 손보다 더 큰 빵 두 조각과 커피 한 잔이 올려진 쟁반을 받았다.

빵 하나를 들고 내가 잠잤던 자리의 반대편 자리 위로 올라가 앉았다. 하늘색 파스텔 바탕에 주황빛으로 살짝 물든 하늘에는 비행기가 가운데를 가로질러 갔는지 하얀 실오라기 같은 연기 자국이 남아있었다. 새벽인지 밤인지 구분이 안 되는 시간 한가운데 마을에서 불빛이 뿜어져 나왔다. 날이 밝아오고 있었다.

낯선 땅, 익숙한 얼굴

오전 8시 43분, 오스나브뤼크 중앙역에 도착하였다. 생각보다 쾌적하고 넓었다. 계단을 타고 내려오면서 열심히 눈동자를 굴려 익숙한 얼굴을 찾았다. 데이! 멀리서 눈을 마주친 우리는 가까워지자마자 서로를 껴안았다. 한국이 아닌 낯선 땅, 그리고 지금 친구가 머물고 있는 곳에 왔다는 사실이 실감 나는 순간이었다.

오스나브뤼크는 독일 북서부에 위치한 지역으로, 북쪽으로 떨어진 한 시간 거리에는 동물 음악단 이야기의 배경인 브레멘이 있다. 또 다른 방향의 한 시간 경 거리에는 바다가 있는 함부르크가 있다. 오스나브뤼크 대학교 학생인 사람들은 이 두 곳 모두를 무료로 왔다 갔다 할 수 있다고 한다. 위치가 가까우니까 나도 오스나브뤼크에만 머물지 않고 이들 중 한 곳이라도 다녀올까 했었다. 막

상 오스나브뤼크에 도착하니, 기댈 수 있는 곳이 있어서 그런지 더 이상의 탐구
보단 휴식에 대한 욕구가 강하게 느껴졌다. 다른 곳에는 가지 않기로 하였다.

이곳에서 약 5개월을 살며 현지인이 되어가고 있는 데이의 뒤꽁무니를 따
라가 버스에 올라탔다. 데이의 말에 의하면 이 지역의 학생들에겐 모두 무료로
버스에 탑승할 수 있다고 한다. 그래서인지 친구와 함께 올라타니 따로 학생증
을 확인하지 않았다. 데이에 의하면 유럽 내 일부 경로의 교통기관 이용 시 독
일 대학교 학생증을 소지하면 할인이 된다고 한다. 새삼 독일은 학생들에게 많
은 편리를 주고 있음을 느꼈다. 데이의 독일 교환학생 생활을 탐내고 있는 사
이, 데이가 사는 시내에 도착하였다.

데이의 집 구조는 호스텔이 떠올라지는 구조였다. 1, 2층엔 각자 생활할 수
있는 방이 있고 부엌과 욕실은 공용으로 사용되고 있었다. 화장실 및 욕실은
총 두 곳으로 남녀 사용으로 하나씩 구분되어 있었다. 데이의 방 크기는 쿠프

슈타인에서 내가 룸메이트와 사는 방만했다. 혼자 쓰기엔 넉넉할 정도로 충분해 보였다. 침대의 너비는 족히 사람 두 명이 들어갈 수 있을 것 같았고 침대 옆 넓은 책상에는 무언가를 쌓아놓아도 될 듯싶었다. 책상 옆 빈 곳에는 낮은 탁자 하나가 놓여 있었는데 화장품과 거울이 올려져 있는 것으로 보아 화장대 용도로 쓰이고 있었다. 방 한쪽의 벽은 데이가 여행지에서 산 엽서들과 친구들로부터 받은 엽서 그리고 친구들과 찍은 사진들로 도배되어 있었다. 데이의 정을 엿볼 수 있었다.

"언니, 저녁 어떻게 할까? 요 앞에 독일에서 가장 싼 마트가 있는데 같이 가서 장 볼래?" 다음 날에 볼 마지막 시험을 앞둔 데이는 눈으로 책을 주시하며 내게 말을 걸었다. 나는 옆에서 짐을 간단히 푼 후, 먼저 씻고 오겠다고 했다. 반복되는 장거리 여행에 여러 번 흔들리는 기차 안에서 자는 건 숙련되었다. 하지만 하룻동안 씻지 않고, 하루를 보내고 온 것은 찜찜했다. 그 찜찜함에 익숙해지기엔 아직 시간이 좀 더 필요할 것 같았다. 수건을 따로 들고 오지 않아 데이로부터 수건을 받아 들곤 복도 중간에 위치한 욕실 안으로 들어갔다.

데이는 같은 학교, 같은 학과 동기였으며 한 살 아래인 동생이었다. 재수하고 들어온 나에게 언니라고 부르는 그녀는 나이로 치면 동생이었지만 더할 나위 없는 친구이기도 했다. 1년이라는 시간이 무색하게 느껴질 정도로 그녀는 어쩔 땐 나보다 의젓하기까지 했다. 그녀는 다음 학기 스위스 제네바에서 인턴을 하게 될 인재이기도 했다. 공부하는 데이의 뒷모습에 눈을 두고 머리를 말리다 슬쩍 시계를 보았다. 저녁 시간이 다가오고 있음을 직감해 서둘러 나가 장 볼 채비를 하였다.

일반 마트보다 큰 크기의, 흡사 대형 식료품점 같았던 마트를 둘러보며 쿠프슈타인 마트의 식료품 가격과 비교해보았다. 독일은 오스트리아의 물가보

다 약 삼 분의 일만큼 저렴했다. 소고기 두 덩어리를 카트에 넣자 데이가 소스
라치게 놀랐다. 한국보다 훨씬 싸니 먹어줘야 한다고 괜히 변명을 늘어놓았다.
사실은 집에서 재워주기로 한 것에 대한 보답으로 데이에게 스테이크를 먹여
주고 싶었다. 스테이크와 같이 곁들일 야채가 필요하니 손질이 쉬운 냉동야채
와 함께 독일 감자전으로 불리는 라이베쿠헨의 냉동식품을 담았다. 데이가 맛
있다고 가리킨 독일 소시지와 와인 두 병까지 합류하니 얼추 일주일 치 식량은
되어 보였다. 오랜만에 본 동생에게 언니 노릇 좀 해보았다.

　　데이의 플랫으로 돌아와 공용 부엌에서 스테이크 요리 두 접시를 탄생시켰
다. 고기를 썬 게 얼마 만인지 모르겠다며 데이의 얼굴에 활짝 웃음꽃이 피어
났다. 고기 한 점에 와인 한 모금씩 마시며 행복한 반복이 이루어졌다. 접시가
깨끗이 비워진 후에는 냉동실에서 아이스크림을 꺼내 둘이서 나눠 먹었다. 먹
는 것에 있어서도 우리는 찰떡궁합이었다. 배가 터질 듯한 배부름에 데이는 산
책을 제안하였다.

오스나브뤼크는 베를린 느낌이 났다. 지난 11월, 혼자 베를린에 다녀왔다. 이곳에서 매섭게 추운 바람에 옷깃을 꽁꽁 싸매고 돌아다녔던 베를린 시내를 다시 마주하는 듯했었다. 나를 위협하는 바람은 없어도 멀찍이 떨어져 있는 도로와 건물들 사이의 모습이 베를린처럼 그려졌다. 오스나브뤼크는 그렇게 낮지도 높지도 않은 높이의 붉은색과 회색 빌딩들로 가득했는데 전형적인 독일의 꾸밈없는 소도시였다. 그 밋밋함 속에 큰 도로 위를 쌩쌩 달리는 차가 만들어내는 에너지가 있었고 여러 상점이 입주한 작은 명동 느낌의 중심가로 모여드는 젊은이들의 열기가 있었다.

오스나브뤼크의 중심가로 가기 전 아시안 마트에 들렀다. 날이 추워서일까 유독 팥 앙금이 든 찐빵이 고파 내일 아침으로 먹을 우동과 함께 구매하였다. 플랫에 돌아온 후, 시험공부에 정신이 없는 와중에도 데이는 티타임을 제안했다. 데이와 함께 2층 소파에 앉아 담소를 나누며 차를 마셨다. 담소의 대상은 주로 데이의 플랫 사람들이었다. 건강한 요리를 즐겨 해 먹는 보스턴에서 온 친구, 집에서 먹는 타코와 밖에서 먹는 타코가 다름을 외치는 미식가인 멕시코 계열의 친구 그리고 결벽증이 의심되는 파리에서 온 친구까지. 데이의 입담은 시간 가는 줄 모르게 하는 마법을 가지고 있었다. 이들에 대해 이야기를 할 때에는 주의 되는 것이 있다고 하는데 바로 영어나 외래어로 된 단어는 될 수 있는 대로 풀어서 구체적으로 우리나라 말로 표현한다는 것이었다. 오해받지 않고 이야기를 할 수 있는 하나의 방법이었다. 미국 보스턴에서 온 이를 설명할 때 보스턴을 직접 언급하기보다 그 위치를 설명한다는 예시에서 혀를 내둘렀다. 데이의 공부 시간이 다가오자 나는 전자레인지에서 찐빵을 데워왔다.

밤하늘에는 어느새 찐빵만한 달이 떠올라 있었다. 손에 든 찐빵을 한 입 베물어 먹으니 짙은 색의 팥앙금이 나왔다. 오스나브뤼크에서의 첫날이 끝나가고 있었다.

오스나브뤼크 대학교의
학부모 일일 체험

　다음 날 아침, 데이는 우동 두 개를 냄비에 뚝딱 끓여 완성했다. 덕분에 구운 소시지와 함께 먹으며 아점을 간단히 해결할 수 있었다. 가죽바지를 입은 데이와 함께 집을 나섰다. 데이에 의하면 다른 이들의 기를 죽이기 위해 가죽바지를 입었다고 했다. 데이는 시험 때마다 센 캐릭터가 된다고 덧붙였다. 학기의 마지막 시험이 있는 이 날 금요일, 데이는 굳게 마음을 먹은 듯했다.

　붉은 벽돌로 이루어진 집들을 지나 꽤 세련된, 런던에 있을 법한 오스나브뤼크의 고급 주택가에 다다랐다. 좀 더 걸어가 길쭉한 손 모양이 연상되는 가지들을 뻗은 나무들을 지나쳐 데이의 학교에 도착하였다. 여기가 학교인가. 영화 촬영 지가 아닌가 하는 생각이 들었다. 해리포터에 나오는 마법사들의 학교, 호그와트라고 해도 될 정도로 으리으리했다. 쿠프슈타인 대학교는 건물 한 채뿐인데 이곳의 캠퍼스는 흡사 미국 대학의 한 캠퍼스 같았다. 건물 대부분은 유럽식 전통 벽돌로 지어진 건물이었고 그 웅장함에 입을 다물 수 없었다.

커피 한잔할 겸, 식당으로 쓰인다는 길다란 빨간 건물 안으로 들어갔다. 단 몇 유로밖에 안 하는 음식들이 나열되어 있었다. 이곳에서 아침을 해결해도 괜찮았을 것 같다는 생각이 들었다. 데이가 이곳에선 아주 신선한 재료만 쓰인다고 말했다.

데이와 벤치에 앉아 1유로짜리 커피와 머핀을 먹었다. 커피 자판기에 맛있는 아이리쉬 커피를 판매한다고 해서, 하나 또 뽑아 나눠 마셨다. 찬찬히 살펴보니 커피 자판기 옆에는 재활용 자판기가 있었다. 종이컵이나 플라스틱으로 된 음료수병을 넣으면 돈으로 바꿔주는 기계였다. 독일은 정말 살기 좋은 곳이구나 싶었다. 잠깐 화장실에 간 데이를 기다리는 동안에는 창밖 펼쳐있는 잔디 풍경을 감상했다. 이곳 교환학생으로 지원할 걸 그랬나 잠시 후회가 들었다.

시험장으로 들어가는 데이를 배웅하고 근처 산책을 나서보았다. 데이에 의하면 다리 건너 캠퍼스가 하나 더 있다고 한다. 학생들로 추정되는 사람들 뒤꽁무니를 따라가 보았다. 세모 모양의 집 주택가들을 지나쳐 드넓은 땅을 거닐

었다. 데이에 의하면 옥수수밭이라고 했는데 겨울 눈이 쌓여있어 옥수수는 없었다. 캠퍼스로 추정되는 곳 입구에서 거대한 캠퍼스를 담은 지도를 발견한 다음 침을 꼴깍 삼켰다. 거대한 캠퍼스가 나를 집어삼킬 것만 같았다. 갈색 벽돌로 쌓아 지은 건물 몇 채가 있어 더블린의 트리니티 대학이 떠올랐다. 트리니티 대학에서 그랬던 것처럼 멋스러운 오스나브뤼크 학교를 배경으로 사진 여러 장을 남겼다.

그렇게 놀기를 삼십 분. 갑자기 배가 요동쳤다. 흰색으로 멋없이 도배된 건물 안으로 들어가 학생 식당을 발견했다. 대학 로고가 그려진 머그잔에 커피 한 잔을 담고, 겉이 치즈로 바싹 구워진 샌드위치를 집었다. 자유분방한 분위기의 카페테리아에는 다양한 인종들이 삼삼오오 모여있었다. 그 틈에 앉아 오물오물 빵을 썹으며 주위를 돌아보았다. 노트북을 앞에 두고 그룹 과제를 하거나 담소를 나누는 학생들을 볼 수 있었다. 미국 드라마의 한 장면이 틀어 놓여 있는 듯한 착각이 들었다.

다시 광활한 옥수수밭을 가로질러 데이의 시험 장소에 도착해보니, 이미 시험은 끝난 지 오래였다. 데이는 교실을 나와 외국인 친구들과 수다를 떨고 있었다. 버터를 바른 것처럼 부드럽게 영어 발음을 굴리고 대화하는 데이와 외국인 친구들을 보자, 아직 미국 드라마에 머물러 있는 나를 발견하였다. 살그머니 데이에게 다가가 시험을 잘 봤는지 물어보았다.

나의 질문에, 데이는 기다렸다는 듯이 아까 말한 대화의 주제를 또 꺼내 조잘조잘 이야기하였다. 데이의 이야기를 들으며 올라탄 버스에서는 학생들이 넘쳐 터질 듯했다. 버스 안에서 데이의 과 친구들과 선배들을 만났다.

버스에 내리자, 한 외국인 친구가 데이에게 넌지시 물어보았다. "데이, 너 올 거지?"

불타는 금요일,
데이는 오스나의 파티걸

　숨 막히는 버스에서 겨우 탈출했다. 데이를 향해 다가온 외국인 친구의 첫 인상은 잘생김이었다. 여자 보다 말랐는데 근육은 없었고 뼈마저도 얇아 보였다. 하지만 잘생긴 친구를 의식하는 행위는 잠깐만 이루어졌다. 그 친구의 뒷모습을 바라보며 데이가 게이 친구라고 말해주기 전까지만.

　잘생긴 게이 친구가 물은 너 올 거지라는 대목에는 아주 중요한 목적어가 빠져있었다. 그 목적어는 갓 시험을 끝낸 데이를 더 기쁘게 한 단어이기도 했고, 내가 도착하기 전 친구들과 재잘거리며 이야기한 주제이기도 했다. 그것은 바로 클럽이었다.

　파리로 여행 떠난 우리 사이에서조차 데이는 오스나브뤼크의 파티걸이라고 불릴 정도로 유명했다. 데이에게 클럽은 친구들과의 단합대회 같은 것이었다. 회사원들이 등산하는 것처럼, 동아리원들이 모여 피구 게임을 즐기는 것처럼 데이에게 클럽 나들이는 친목 도모의 한 방법이었다. 술을 약간 마신 후 친구들과 함께 춤을 추며 스트레스도 푸는 걸 즐기는 듯했다. 그래서 데이의 모임에 항상 껴보고 싶었다. 해서는 안 되는, 이상한 것들이 포함되어 있지 않은 건전한 클럽 나들이였다.

쿠프슈타인에는 오로지 클럽으로만 운영되는 곳이 없었다. 그렇기에 파리에서보다 누군가의 집이 되어주고 있는 곳, 오스나브뤼크에서의 클럽 방문은 왜인지 모르게 더 설레었다.

금요일 밤이었고 시험이 다 끝난 주였다. 그에 질세라 나 또한 손들어 가겠다고 했다. 와인 한 병 들고 데이의 네덜란드 친구들이 있는 플랫에 들렀다. 와인 한 잔, 두 잔 마시며 다른 학교에서 온 한국 교환학생을 만났고, 태국에서 온 친구도 만났다. 다들 데이에게 대하는 것처럼 나를 친근히 대해주어 금방 친해질 수 있었다.

버스로 이동한 클럽은 촌스러운 보라색 불빛이 뿜어져 나오는 컨테이너처럼 생겼다. 이게 바로 독일 감성인가. 클럽의 크기는 작지 않았다. 페북 '좋아요'를 누르면 공짜 행사를 하고 있었던 터라 무료로 들어갔고, 마침 술도 할인 행사를 하는 중이라 신나게 사 먹었다. 술은 잘 못 하지만 워낙에 술 마시는 걸 즐기는 성격이라 맥주로 배가 차자, 보드카로 갈아탔다. 이상하게도 술을 많이 먹어도 취하지 않았다. 기댈 수 있는 사람이 있어도 낯선 땅이었고, 또 그 의지할 수 있는 사람이 동생이었기 때문이리라. 너도나도 흥 나게 추는 네덜란드 친구들과 태국 친구 그리고 다른 학교에서 온 교환학생 친구들 사이에서 열심히 몸을 흔들어댔다. 태국 친구가 나를 향해 엄지를 내세워 보였다.

새벽 2시가 지났다. 걸어서 30분 이내에는 데이의 플랫이 있었다. 걸어가도 되는 거리였지만 마침 같은 플랫에 사는 멕시코계 미국인인 친구를 만나 셋이 택시를 타게 되었다. 택시로 무사히 집에 도착하였지만, 요금으로 무려 8유로나 지급해야 했다. 어떻게 내야 싶어 정신 없는 와중에 멕시코계 미국인인 친구가 멋있게 돈을 냈다. "너희 오늘 설날이잖아. 내가 낼게."

분명 귀밑까지 오는, 그 친구의 긴 머리카락은 수사자의 머리를 연상시켰었는데 난데없이 정갈해 보이는 순간이었다. 이게 말로만 들었던 츤데레인가 싶었다. 남매 사이처럼 보였던 데이조차 감동하여 네가 설날을 아는구나! 라고 소리쳤다.

3초도 지나지 않아 그는 덧붙였다. "아니면 메리 크리스마스?"

해외에서 보내는 설날

그 날은 설날이었다. 오스나브뤼크에서 교환으로 머무는 한국인들이 다 모여 한식 파티를 하기로 한 날이었다. 시험에서 해방된 데이는 장을 봐온 당근, 버섯 그리고 고기를 썰어 프라이팬에 굽는 동시에 당면을 삶았다. 그렇게 족히 5인분은 되어 보이는 많은 양의 잡채를 뚝딱 완성하였다. 같은 플랫에 사는 같은 과 선배들이 데이의 잡채 맛을 보고는 감탄을 했다. 데이의 요리 솜씨를 익히 들었지만, 장난기 많은 과 선배들은 5개월간 데이가 해준 첫 요리라며 이렇게 맛있는 것을 진작 왜 해주지 않았냐고 면박을 주었다. 데이는 기가 막히는 표정을 지으며 아니라고 선배들에게 맞대응하였다. 어쩐지 선배들은 그런 날의 반응에 더 즐거워 보였다.

한 보따리만 한 잡채를 들고 향한 곳은 오스나브뤼크에서 떨어진 위치에 있는 기숙사였다. 버스를 두 번 갈아타야만 갈 수 있는 거리였기에 우리나라의 지역과 비유하면 서울에서 인천으로 가는 것과 같았다. 하기야 우리나라야 교

통이 아주 잘 되어있지만, 독일은 그렇지 않았고, 오스나브뤼크는 더하면 더했지 덜하진 않았다. 버스의 시간이 정해져 있어 기숙사에 사는 학생들은 버스한 번 놓치면 수업도 빼먹어야 한다고 들었다.

호스텔보다는 콘도 느낌 났던 기숙사에 도착하였다. 1층 공용 부엌의 문을 열고 가져온 잡채를 놓고 인사를 나누었다. 기숙사에 사는 다른 학교에서 온 친구는 고슬고슬한 하얀 쌀밥을 짓고 있었다. 그 옆에는 그 친구가 만들어낸 시뻘건 김치전과 담백하게 어우러진 고기와 떡 볶음도 있었다. 눈으로 보고 맛을 보는 동시에 푸근한 인심이 느껴졌다. 음식 준비를 미처 끝내지 못한 다른 이들은 그 자리에서 냉동 만두를 굽고 냄비에 김치찌개 간편 식품과 라면 수프를 넣어 끓여냈다.

잡채가 본격적으로 식기 전, 모두 자리에 앉았다. 눈앞에 풍족한 식사가 준비되어 있어, 보는 것만 해도 배가 불렀다. 설날, 이 좋은 날에 낯선 이가 있어 어색하고 썩 달갑진 않았을 텐데도 데이의 친구들은 나를 반겨주었다. 데이 덕분에 나는 오스나브뤼크 모임에 당연하게 초대되고 받아들여졌다. 긍정 에너지를 풍기는 사람 옆에는 언제나 좋은 사람이 모이기 마련이다. 데이 옆에 앉은 선배들과 친구들은 모두 털털했으며 가식을 보이지 않는 솔직함을 소유하고 있었다. 그들의 이야기는 진실다웠으며 때때론 짓궂게 데이를 소재로 이야기를 꾸려나갔었다. 이는 데이만 유일하게 알고 있을 내가 이 자리에서 서먹하게 하지 않기 위한 배려였다. 그들 모두에게서 사람 냄새가 났다. 데이 덕에 좋은 사람들을 많이 만나 그 자리에서 편히 밥 두 그릇까지 해치웠다.

오스나브뤼크에서의 마지막 날까지 설날 같은 풍족한 날은 계속되었다. 같은 과 선배들과 요리 잘하는 다른 학교 친구가 합류해 함께 저녁을 먹기로 했다. 다들 바빴을 텐데도 끝까지 한자리에 앉아 음식을 먹으며 수다를 떨었다. 1차는 데이가 끓여준 닭볶음탕으로 밥을 비벼 먹고 다른 학교 친구가 들고 온 비빔면 소스로 비빔면을 해 먹었다. 중간에는 멕시코계 미국인인 친구가 자신이 오븐에 구운 닭다리 중 무려 6조각을 나눠주기도 하였다. 이 모든 것을 다 깨끗이 비워낸 후에도 아직도 모자라 보였는지, 과 선배가 선뜻 고구마튀김과 돼지고기 토마토 요리를 선보였다. 음식으로 취하고 정에 취하는 날이었다. 이 모든 것을 데이에게 감사했다. 한편으론 이 모든 것을 누리고 있었을 데이가 부러웠다. 부러운 삶을 잠시나마 탐험하게 해준 데이가 다시 한번 고마웠다.

내가 간 후 데이에게는 몸살이 찾아왔다. 한국이 아닌 자신이 잠시 머무는 곳에 친구가 찾아온다는 것은 사실상 부담이었을 것이다. 그리고 그 부담감은 자기도 모르는 사이 몸 안에 퍼져나갔을 것이다. 그러나 이것 하나만큼은 명백했다. 우리 사이에는 십 년 후까지 갈 재미난 추억거리가 만들어졌다는 것이다. 추억이라는 것은 그 부담감이 잊혀질 정도로 그 이상의 영향력을 가지고 있다.

가까운 지역에 사는 친구가 있다면, 초대하는 것을 어려워하지 말 것. 다른 지역에 머무는 친구들의 집에 놀러 가거나 초대하는 것은 색다른 추억을 선사할 것이다. 그사이 짙어지는 우정은 덤이다.

Special.
야간열차와 친해지기

야간열차를 타본 이야기는 이번 '친구가 있는 곳에 놀러가기, 독일 오스나부르크' 편에 처음으로 등장하였다. 사실 그전에 무려 세 번이나 야간열차를 이용했었고, 그 후 한 번 더 탔었다. 첫 야간열차 후기와 나중에 익숙해진 야간열차 이용 후기의 비교를 통해 우리나라에서 경험할 수 없는 신선한 야간열차의 면모를 공개하겠다.

시작부터 요란했던 첫 야간열차 이용 후기

체코 프라하에서 폴란드 크라쿠프로 이동하기 위해 생애 처음으로 엄마와 함께 야간열차를 올라탔다. 밤 10시 반쯤 기차에 올라타자마자 표 검사가 시작되었다. 당당히 표를 보여줬더니 안내원으로부터 이것은 표가 아니라는 말을 들었다. 인터넷에서 예매하고 프린트한 종이가 표가 아닌 예약 확인서였다. 순간 정신이 아찔했다. 다행히 출발하기 전 15분 정도의 시간이 남아있었다. 표를 구매하기 위해 재빨리 매표소로 달려갔다. 표를 늦게 사는 바람에 돈을 더 내야 했었지만, 무사히 열차를 탈 수 있었다. 일찍이 역사 안에 도착해 돈을 내고 간단히 샤워까지 마쳤는데, 온몸은 식은땀 범벅이 되고 말았다.

야간열차의 생김새

엄마와 묵은 방은 3인실로 여성 칸이 다 차 있는 바람에 혼성 칸으로 예매했었다. 수건과 물이 일 인당 하나씩 갖춰져 있었고 다음 날 새벽 6시쯤엔 아침으로 블랙커피와 크루아상이 주어졌다. 이 좁은 침실에서 어떻게 먹으라는 건지 기가 찼지만, 조금씩 빵을 떼어 먹으며 허기를 달랬던 기억이 난다.

방 안에는 좁은 세면대가 있었는데 공간을 아주 잘 활용하고 있다는 생각이 들었다. 고양이 세수와 양치질 정도를 할 수 있었다. 마침 바로 옆에 화장실이 있어 애용하지 않았다. 삼층 침대 옆에는 짐 두는 공간이 있었는데 커튼을 칠 수 있었고 문은 삼중 잠금이 가능했다.

잘만 한 곳인가

삼층 침대로 이루어진 슬리핑 칸에서 내가 자야 했던 곳은 맨 꼭대기 3층이었다. 생각보다 튼튼한 사다리가 있어 조심스럽게 올라갈 수 있었으나 매우 좁았던 기억이 난다. 삼층의 공간은 천장과의 사이가 꽤 가까웠다. 해리포터 1편에서 해리가 이모부 집 다락방에 살았을 때의 느낌을 뼈저리게 느낄 수 있었다. 오스트리아행 야간열차의 3층 침대칸은 꽤 쾌적했는데, 체코 철도청 야간열차에서의 삼층은 지옥이었다.

그러나 야간열차는 잠에 예민한 사람도 잠을 들게 하는, 마법 같은 매력이 있다. 자기 집이 아니면 쉽사리 잠들지 못하는 우리 엄마에 의하면 기차가 아기 요람처럼 흔들흔들 움직여서 새근새근 잘 주무실 수 있었다고 한다. 나 또한 그럭저럭 잘 잤다.

동행인은 누구였나

혼성 침대칸이었기에 3층에는 내가 있었고, 엄마는 2층에서 주무셨으며 1층에는 일본인 남학생이 있었다. 같은 동양인이라서 서로 안심했던 기억이 있다. 야간열차 이용에 미숙했던 엄마와 내가 줄곧 2, 3층에서 물병 같은 것을 실수로 떨어뜨리곤 했었는데 그때마다 별말 없이 가져다 주었다. 표 사건 때는 함께 걱정해주시기도 하였다. 친절한 분이셨다.

두 번째로 이용한 야간열차

이탈리아 여행 때 간편한 방법으로 쿠프슈타인에서 로마로 한 번에 가는 야간열차를 이용했었다. 친구와의 여행이었지만, 늦게 예약을 하는 탓에 다른 칸, 그것도 6인실 혼성 칸에서 홀로 자게 되었다. 야간열차의 경험이 있어도 그땐 엄마와 함께했었던 터라 덜 무서웠었다.

낯선 사람들에 대한 두려움이 들었다. 노심초사하며 문을 연 칸에서는 작게 속삭이는 아이들의 목소리가 들려왔다. 맨 밑 1층에는 각각 부부가 누워있었고 맨 위 삼층에는 나란히 아이들 두 명이 있었다. 아빠는 아이들에게 책을 읽어주고 있었다. 어떤 책이었는지 아직도 기억이 난다. 한국어로도 번역된 책, 모모였다. 안심이 되어, 그날 밤은 푹 잘 수 있었다. 날이 밝아오자, 한 아이가 침대 틈 사이로 손을 내밀거나 쥐 인형을 보여주었다. 깨알같이 귀여웠다.

익숙해진 야간열차에서 당신은 어떠한 냄새를 풍기는가

누가 그러지 않았는가? 인간은 적응의 동물이라고. 나는 훌륭하게 야간열차에 적응하였다. 맥주를 들고 타질 않나, 맥주 한잔하며 같은 칸에 탄 사람에게 나눠주기까지 했다. 네 번째로 탄 야간열차에서는 마치 내 집같이 행동했다. 쾰른에서 쿠프슈타인으로 돌아가는 길이었다. 상쾌함을 좋아해서 열차 타기 15분 전, 재빨리 쾰른 중앙역에 위치한 샤워실을 이용했다. 여유롭게 머리까지 감은 후라 얼굴 팩까지 할까 고려했었다. 6인실 혼성 칸에 같이 머무를 아저씨 두 분이 얼굴 보고 놀라실까 하여 행동으로 옮기지는 않았다.

이제 나에게 야간열차 이용은 또 하나의 일상이 되었다. 새로운 사람을 만나는 것은 전혀 두렵지 않았다. 누가 봐도 상관없는 듯 물을 벌컥벌컥하지 않나, 이층에 올라가려다 혼자 자빠지질 않나. 민망해도 얼굴을 붉히지 않았다. 자주 오는 찜질방 같았다.

같은 칸을 머무르는, 큰 체격의 독일인 아저씨께서 바닥에 떨어진 비모 인형을 주워주셨다. 얼마나 웃겼는지 모른다. 나는 야간열차에서 유럽 현지인의 냄새를 풍긴다. 어느새 야간열차 선수가 되어 있었다. 아니, 그 전에 그렇게 말해도 되는지 모르겠다.

제5부
언젠가 또 만나리

여행에서 돌아오면

여행에서 쿠프슈타인 집으로 돌아오면 주로 혼자만의 시간을 보냈다. 내 방에 대해 소개를 하자면, 방 안에 방이 하나 더 있는 구조로 되어 있다. 방문을 열면 바로 보이는 방이 있고, 또 다른 문을 열면 그 삼 분의 일 크기인 방이 있다. 이 작은 방 안엔 큰 창이 있는데, 이 창을 통해 푸른 뒤뜰과 높게 뻗어있는 나무들을 훤히 볼 수 있었다. 책상과 소파가 갖춰져 있고 이 둘은 마주 보고 있다. 나는 주로 이 방의 소파에 앉아 할 일을 했었다. 내 룸메이트는 방 안에 있으면 자신의 침대에서만 머물렀었다. 그렇기에 한 방에 같이 있어도 함께 있다는 느낌을 받지 못했었다. 서로에게 개인의 공간이 마련되어 있었다. 이 다락방 같은 작은 공간에서는 와이파이가 잘 터지지 않아 얼떨결에 인터넷과 SNS를 통한 소통을 멀리하게 되었다. 그 대신 이 시간을 활용하여 책을 읽거나 그날에 있었던 일에 대해 기록을 했었다.

1월 중순, 본격적으로 모든 시험이 겹쳐있었던 주에는 룸메이트가 이 공간을 애용했었다. 반나절 동안 룸메이트는 책상에 앉아 공부하다가 잘 시간이 되면 침대가 있는 방으로 오지 않고 이곳 소파에서 잠을 청했다. 룸메이트에 의하면 소파에 자는 이유가 시험공부를 하지 않은 자신에 대한 자책 때문이라고 했다. 룸메이트와 달리 난 이 공간을 공부보다는 휴식을 위해 활용하였다. 넓은 창이 있어, 마치 세상을 한눈에 보는 듯했고 걱정이 덜어졌다. 미래에 대한 걱정이 들곤 하면, 창밖에 보이는 엄마 품 같은 산이 그런 나의 마음을 달래주었다. 시원한 바람이 부는 날이면 어김없이 따뜻한 차 한 잔을 들고 이 방 안으로 들어가 소파에 앉았다. 책을 찬찬히 넘겨보다 밤이 깊어지면 하늘의 별들을 올려다보았다. 12월이 넘어가서는 계속 눈이 왔었다. 이때도 포근하게 쌓인 뒤뜰의 눈을 보기 위해 소파에 앉아 있었다. 하얀 거품이 이는 코코아가 든 머그잔을 손에 꼭 쥔 채.

11월의 기록

방이 좋았다고 해서 방 안에서만 지냈던 것은 아니었다. 방문을 나서면 바로 앞에 2층으로 올라가는 계단이 있었다. 계단을 유심히 살펴보면 계단 아래로 귀여운 생명체가 머리만 빼꼼 내밀어 보였다. 퓨마라고 하는 고양이었다. 사람들에게 애교를 부리며 보듬어주기를 원하는 퓨마는 흔히들 말하는 개냥이 같았다. 동물을 별로 좋아하지 않는 나는 이 집에서 유일하게 한 번도 쓰다듬어 주지 않았다. 그래서 퓨마는 나랑 밀당을 자주 하곤 했었다. 우리 플랫에는 퓨마 외에 다른 고양이 한 마리도 살고 있는데 퓨마의 성격이 좋지 않아 1층에 내려오는 일이 거의 없었다. 퓨마는 플랫 사람들에서 오는 사랑을 독차지하고 싶었던 걸까. 퓨마는 다른 고양이와 2층에서는 잘 지내다가 다른 고양이가 1층으로 내려오면 심하게 공격한다고 했다. 오늘도 나는 보듬어주기를 바라는 퓨마의 애처로운 눈빛을 피하며 집을 나섰다. 고양이가 자유자재로 출입할 수

있으므로 매번 부엌문과 집 대문을 꼬옥 닫는 것을 잊지 않았다. 전에 한 번 부엌문이 열려있었는지 새벽에 퓨마가 부엌에 똥을 싸질러 놓았었다. 주인으로부터 혼났는지, 퓨마는 시간이 지나서야 보이기 시작했다.

플랫 대문 옆에는 무료로 탈 수 있는 플랫 전용 자전거들이 세워져 있었다. 몇 개 빼곤 멀쩡했다. 쿠프슈타인에는 은근 차가 많이 다니기 때문에 위험할까 우려한 나는 자전거를 잘 타지 않았었다. 플랫에서 나와 왼쪽으로 꺾어 걸어가면 쿠프슈타인 요새가 한눈에 보인다. 비 오고 흐린 날에도 요새는 웅장하게 서 있다. 건물 하나하나가 서울과 정말 달라서 사진에 계속 담아두고 싶었다. 이번 목적지는 쿠프슈타인에서 단 하나밖에 없는 쇼핑몰이었다. 이 쇼핑몰은 큰 마트가 달려있으며 옷 가게와 잡화상점까지 없는 게 없는 곳이었다. 바로 건너편에 비슷한 상점들이 모여있는 건물과 연결되어 있어 사람들이 많이 찾았다. 입구에만 들어가도 쿠프슈타인에 이렇게 사람이 많았었나 하는 생각이 들었다. 쿠프슈타인에서의 여가 생활은 서점에서 시간 보내기였다. 비록 영어 서적이 아주 소수로 판매되고 있었지만, 서점에서 나는 책 냄새와 독서하는 분위기가 좋아서 자주 방문했었다. 쿠프슈타인에는 대표적으로 총 세 개의 서점이 입점하여 있었다. 대형 몰 2층에 위치한 서점에서는 책뿐만이 아니라 각종 물품을 팔고 있어 구경하는 재미가 쏠쏠했다. 어린이를 위한 공간도 있었고 서점 입구에는 우리나라에서 잘 볼 수 없는 디자인의 카드를 볼 수 있었다. 이곳에서 독특한 무늬의 장바구니와 수첩을 구매했다. 같은 층에 있는 전자기기를 판매하는 곳으로 가서는 멀티탭을 샀다. 이처럼 이곳 쇼핑몰에서는 신속하고 다양한 쇼핑이 가능했다.

　강 근처에 위치한 서점에서는 무려 열 권의 영어 서적을 만나볼 수 있었다. 조그마한 서점인데 카페도 운영하고 있어, 책을 읽으며 커피도 한잔하기에 최적인 곳이었다. 학교에서 집으로 가는 길, 우체국이 있는 골목 안에는 2층짜리 서점이 자리하고 있었다. 이곳에선 주로 문구류가 주를 이루고 있었다. 특이한 장식품도 많아 여러 번 눈요기를 즐겨 했었다. 대형 몰 서점보다 이 두 곳에서는 최근에 나온 원서들을 접할 수 있었는데 한국에서 따로 책을 가져오지 않아 이곳에서 산 원서들로 하루를 보냈다. 특히 스웨덴 스릴러 소설책은 시간 가는 줄 모르고 읽었다.

쿠프슈타인 내 카페 투어

나는 커피 마시기를 좋아한다. 아니, 거의 중독 수준이다. 매일 안 마시면 못 배긴다. 한국에 있을 때는 아침마다 직접 원두를 갈아 커피를 내려 마셨었다. 쿠프슈타인에서 자취하는 동안, 초반에는 커피 기계는 물론이요, 원두까지 구해볼 생각을 못 했었다. 취미였던 커피 마시기를 할 수 없어 아주 죽을 지경이었다. 그러던 차, 플랫의 5분 거리에 위치한 카페를 발견하였다. 따로 큰 간판은 없어도 크게 그려진 커피 원두 그림을 보고 카페라는 걸 단번에 알았다. 그날 이후로 난 그 집 단골이 되었다. 그 카페는 쿠프슈타인 요새의 바로 밑에 있었다. 3층으로 구성된 카페 외관은 무척이나 거대했다. 마치 내가 이 구역의 대장이라고 하는 것 같았다.

1층에서 커피를 주문하고 2층으로 올라가 앤틱한 분위기를 즐겼다. 날이 서늘했던 10월 초라 따뜻한 아메리카노를 주문했다. 커피 한잔 마실 겸, 과제도

할 겸 노트북을 들고 갔었다. 특별히 할 일이 없는 날이면 책을 읽었다. 커피를 천천히 음미하며 책에 몰두하다 보면 갑자기 출출해지기 마련이다. 1층으로 내려가 케이크 하나를 추가로 주문하는 게 버릇이 되었다. 이 집에서 직접 만든다는 케이크는 모양새는 특출하지 않아도 맛은 기가 막혔다. 커피와 함께 5.5유로로 즐거운 디저트 타임을 가졌다. 혼자 이런 시간 갖는 걸 좋아해서 이 시간을 즐겼던 기억이 새록새록 난다.

두 번째, 세 번째 날도 매번 첫날 앉은 자리에 앉았었다. 4~5인석에 앉아도 눈치 보지 않았다. 한국과 달리 외국 카페에서의 사람들은 잠깐 커피 마시고 나간다. 무려 3층으로 이루어져 있는 이곳에서도 마찬가지였다. 주민들이 줄곧 방문하지만, 여행자들도 즐겨 찾는 곳이었다. 옆에서 독일어로 떠들어도, 별로 방해되지 않아 좋았다. 네 번째 방문 날엔 3층으로 올라가 보았다. 카페의 3층 분위기도 좋았다. 케이크를 시키는 것 또한 잊지 않았다. 독일어로만 되어있는 메뉴로 인해 케이크를 주문해도, 무슨 케이크인지 잘 몰랐었다. 그래도 기억에 남는 케이크는 살구 케이크로 자주 먹었었다.

음료의 바닥이 금방 드러나는 바람에 카푸치노를 추가로 주문한 적이 있었다. 카푸치노의 맛을 보자마자 과거 아메리카노만 고집했던 나를 원망하였다. 진작에 다른 메뉴도 시켜볼 걸 하는 후회가 들었다. 이곳은 맛과 분위기 그리고 와이파이까지 잘 갖춰있었다. 흘러나오는 매장 음악마저 귀를 쫑긋하게 만들었다.

커피 애호가라고 자부하는 나는 단골 카페에만 머물지 않았었다. 독일인들의 사랑 받는 관광지 중 하나인 쿠프슈타인에서는 생각보다 많은 카페를 볼 수 있었다. 대부분 카페의 크기는 작아서 오래 있을 수 있는 곳은 많지 않았지만 하나같이 다 개성이 넘쳤고 커피의 맛은 모두 훌륭했다. 쿠프슈타인 요새 가까

이에 위치한, 한 카페는 트렌디한 외관 인테리어에 반해 들어가 보게 되었다. 전반적으로 가게 조명이 어두운 점은 아쉬웠지만, 아메리카노의 맛은 끝내줬다. 이때도 역시 빼놓을 수 없는 단것을 먹었었는데 갓 만들어놓은 게 눈앞에 있어 선택한 애플 스트루들은 독특한 맛을 자아냈다. 자리 주변에 파리 두 마리가 알짱거렸던 거 빼곤 다 좋았었다. 커피를 한 손에 쥐곤 눈으로는 스마트폰을 계속 들여다보고 있었다. 스마트폰 중독자인 줄 알았을 것이다. 유럽 역사 이야기를 읽는데 정신이 팔렸었다.

또 기억에 남는 카페는 쇼핑몰의 2층에 위치한 곳이었다. 사람이 많아서 커피가 맛있다는 것을 단번에 알아챘다. 그곳은 독일의 체인점이었다. 주문한 커피는 역시 맛있었다. 물도 공짜로 내준다. 단점을 굳이 집자면, 건물 안에 있어서 답답한 느낌이 든다는 점이었다. 주 고객은 중년층 남성이었고 대부분 에스프레소 호로록 마시고 훌훌 떠났다. 유럽 카페 문화의 유행인가 싶어 나도 따라 할까 하다 자리에서 약 한 시간을 보냈었다. 자리가 오픈 형식으로 되어 있어 은근 오래 있을 만했다. 주인장으로부터의 눈치를 조금 보았지만.

쿠프슈타인 카페의 커피 값은 대체로 단돈 1에서 3유로 사이를 오갔다. 맛은 언제나 보장되었다. 다시 갈 수만 있다면 커피 1톤을 마시고 올 테야.

학교 밖 생활

　11월 말 어느 목요일 밤, 호주에서 온 키란이 동굴 파티를 개최했다. 키란은 할리우드 배우인 샘 클라플린을 닮은 훈훈한 매력의 소유자였지만, 패션 테러리스트라는 명성을 가지고 있었다. 그래도 꽤 여자들 사이에서도 인기가 많았고, 여자 친구 유무를 밝히지 않았으나 없는 것으로 추측되었다. 키란은 인기가 많아도 여자들이 착각하게끔 하는 행동을 보여주지 않는 매너남이었다. 그가 동굴 파티를 열게 된 계기는 누군가의 생일을 축하하기 위함이었다. 생일 주인공보다 키란에 더 신경을 쓰느라 그 누군가에 대한 정체는 끝내 알지 못했다.

　쿠프슈타인의 옆 마을로 넘어가 산 중턱까지 올라가서야 생일파티의 장소인 동굴을 만날 수 있었다. 이것은 말로만 들었던, '들어올 때는 마음대로지만 나갈 땐 아니란다'였다. 나와 멕시코 친구 모니카 그리고 불가리아에서 온 친구들은 동굴 찾기가 힘들어서 산 입구에서 다른 일행들이 올 때까지 기다렸다. 다른 일행들을 만나 동굴 입구에 다다르니 키란이 보였다. 키란은 열심히 기름을 넣으며 조명 관리 중이었다. 동굴은 실제로 우리가 생각하는 일반 동굴이었다. 심지어 동굴 끝에서는 거꾸로 꼿꼿이 매달려있는 박쥐를 발견하였다. 진짜 자연을 만났다. 자연 그대로의 보존 상태라 위에서 뭐가 뚝 떨어질까 봐 우려되었고 곳곳에 밝혀둔 조명이 있어도 조금 으스스했다. 파티 음료였던 보드카를 벌컥벌컥 마셨다. 알코올이 들어가면 안 무섭겠지 싶어서.

동굴에는 화장실도 없었다. 자연 섭리 그대로 동굴에서 나와 나무들과 수풀 사이로 생리 현상을 배출해야만 했었다. 화장실이 급해서 세 번이나 동굴 밖으로 나왔었다. 갑자기 짐승이 튀어나오면 어떡하나 노심초사하며 쪼그려 앉아 졸졸 금빛의 물줄기를 흘려 보냈었다. 동굴 파티는 신기함을 넘어서 충격을 가져다 주었다. 보통 동굴이란 함부로 만지면 안 될 것 같은 신성한 장소로 여겨진다. 그런 곳에서 음악도 크게 틀어놓고 술 마시는 파티가 진행되고 있었다. 개인적으로는 문화 충격으로 다가왔지만, 잊지 못할 경험이었다.

동굴은 흥미로운 대상이 된 것은 분명했지만 키란의 음악 선곡은 최악이었다. 동굴 내 흐르는 음악은 춤을 추는 분위기를 만들어내지 못했다. 하지만 술잔을 낀 채로 동굴 탐험도 하고 여러 친구와 담소도 나눌 수 있어 재미있었다. 프랑스에서 온 친구들 두 명한테로 가서는 파리 여행에 관해서 이야기를 나누고 친해졌다. 여기서 놀라웠던 사실을 듣게 되었는데 바로 프랑스에서 왔지만, 파리에 두 번밖에 가보지 못했다는 사실이었다. 다른 나라에서 온 친구들도 마찬가지였다. 오스트리아 친구 한 명은 오스트리아의 수도인 빈에 딱 한 번 가봤다고 말했다. 땅이 넓어서인가 아니면 여행을 가야겠다는 생각이 적어서일까? 생각보다 유럽 친구들은 여행을 꼭 가야겠다는 마음을 가지고 있지 않았다. 생각해보니 쿠프슈타인 교환학생 중에서도 한국인들이 학기 중 제일 많이 여행을 했었다.

결국 칠레에서 온 디에고가 키란의 선곡에 불만을 가져 음악을 제멋대로 바꾸었다. 제법 분위기가 무릇 익자 옆에서는 두 쌍의 커플이 뽀뽀하기 시작했다. 흘끗 엿보는 맛은 짜릿했다.

어린아이가 되어본 시간,
쿠키 만들기

　수업이 없는 날, 쿠프슈타인 대학교의 학생회가 주최한 크리스마스 쿠키 만들기 프로그램에 참석하게 되었다. 참가비는 단돈 3유로였다. 생각보다 많은 인원이 참석하지 않았다. 나는 쿠키 만들기를 좋아하는 멕시코인 플랫 친구 모니카와 함께 참가하였다. 장소는 기숙사 내 공동 로비였다.

　쿠프슈타인 대학교의 정규 학생들은 쿠키 반죽 재료는 물론이고 쿠키 모양 틀과 각종 조리법을 준비해주었다. 덕분에 수월하게 쿠키를 만들어낼 수 있었다. 얼어있는 쿠키 반죽을 주물럭거린 후 평평하게 펴준다. 그다음 모양을 찍어내고 오븐에 구웠다. 쉬웠지만 반죽이 매우 많아 약 2시간 반 동안 단순 노동이 이어졌다. 잠시 쉬어가는 타임으로 오렌지와 술을 끓여 만들어낸 펀치를 (Punch) 마셨다. 펴는 쿠키의 맛만큼 맛있었다.

　오븐에서 노릇노릇하게 구워진 쿠키가 나왔다. 꽤 고된 노고의 결과물이었다. 한국의 다른 학교에서 온 원 언니와 모니카, 그리고 나 이렇게 셋이서 약 300개의 쿠키를 만들어냈다. 우리는 3유로를 내는 게 아니라 노동의 대가로 받았어야 한다고 이구동성으로 말하며 웃었다. 오븐에서 나온 쿠키에 살구 잼을 바르고 초콜릿으로 덮어 주었다. 그렇게 쿠키를 만들다가 먹어보기도 하고, 지나가는 친구들에게 맛보게 하기도 했다. 프로그램에서는 새로운 친구도 사귀었다. 쿠프슈타인 대학교의 정규과정에 재학 중인 스페인에서 온 친구 다니엘라를 만났다. 다니엘라는 나의 영어 이름 'Jessica' 중 알파벳 'J' 모양의 쿠키를 만들어주었다. 우리는 펀치에 가세하여 글루바인을 만들어냈다. 쿠프슈타인 마트에서는 글루바인용 와인을 따로 판매하고 있었다. 이 와인을 사서 레몬 혹은 오렌지와 함께 끓여내면 진하면서도 달달한 과일 향이 나는 포도주가 완성되었다. 나는 글루바인의 열성 팬이기에 두 잔이나 마셨다. 글루바인 두 잔에 알딸딸해진 채 남은 쿠키를 바리바리 싸서 집으로 돌아왔다. 플랫 친구들에게 쿠키를 나눠주었더니 다들 좋아했다. 내가 만들었다는 자랑도 잊지 않았다.

12월의 기록

파리에서 돌아온 날, 캐리어를 질질 끌며 우리 동네 크리스마스 분위기를 엿보았다. 생각해보니 파리에서는 크리스마스 느낌을 전혀 찾아볼 수 없었다. 쿠프슈타인은 작은 마을인데도 큰 크리스마스트리가 무려 하나도 아니고 세 개나 있었다. 가로등마다 달린 큰 눈송이 장식에 동심으로 돌아간 듯했다. 어느 날 밤에는 집에서 나와 학교 쪽으로 걸어가 불 꺼진 크리스마스 마켓을 구경했다. 학교 앞에는 초등학교 운동장만 한 공터가 있어 이곳에서 가을에는 주말 장이, 겨울에는 크리스마스 마켓이 1월 초까지 열렸다. 불 꺼진 크리스마스 마켓에는 손님이 없었다. 저녁에는 어디서 그렇게 사람들이 몰려오는지 꽤 수많은 사람이 바글바글했는데 지금은 고요하기만 했다. 아이들 두세 명이 타기에 적합한 꼬꼬마 기차는 휴식 중이었다. 대낮엔 아이들을 태우느라 등이 쑤시겠지. 조명은 손님이 없어도 여전히 빛나고 있었다. 그 옆엔 새하얀 크리스마

스트리가 우뚝 세워져 있었다. 나중에 이 나무는 경매된다고 하는데 얼마에 팔릴지 궁금했다. 크리스마스 마켓에서 한 걸음 벗어나도 동네는 온통 크리스마스 장식으로 가득했다. 12월 한 달 동안 크리스마스 마켓 구경할 생각에 괜스레 마음이 두근거렸다.

다음날, 늦게 일어나는 바람에 아점으로 참치 소세지 야채 비빔밥을 해 먹었다. 참치통조림을 따 갓 지은 밥 위에 참치를 부은 후, 구운 소시지를 얹고 상추 여러 장을 뜯어 비비면 완성이다. 간단하면서도 영양가 있는 한 끼가 된다. 물론 부엌에 들린 플랫 메이트, 모니카와 낼리의 시선을 피할 수 없었다. 그럼 그렇지. 이상하게 보일 것이 당연했다. 설거지 줄이려면 비빔밥이 최고지 뭐.

그 날은 쿠프슈타인 마을에 크람푸스가 오는 날이었다. 중부 유럽에는 크리스마스 시즌 동안 1년 동안 잘못을 많이 한 어린이들에게 선물 대신 몽둥이로 위협하는 전설의 악마 크람푸스가 있다. 잘츠부르크 여행 중 크람푸스 공연을 보고 온 룸메이트와 티토에 이하면 크람푸스의 분장을 한 사람들이 지나가는 시민들을 때리는 강도가 세서 뜻밖이었다고 전한다. 아기 크람푸스도 있어서 신기했다고 한다.

오전 수업에 이어 발표 수업이 있어 학교 식당에서 점심을 급히 때웠다. 점심시간 때만 운영하는 학교 식당에는 4유로의 음식을 제공하며 그 외에 샐러드나 수프도 단돈 몇 유로에 제공하고 있었다. 2유로의 커피도 판매해서 테이크아웃을 자주 이용하곤 했는데 학교 식당의 물가는 한국에서의 가격과 그렇게 많은 차이가 나지 않았다. 물가가 싼 폴란드나 멕시코에서 온 친구들은 비싸다고 하며 한국 친구들만큼 많이 이용하지 않은 곳이었다.

발표 수업이 시작되었고, 친구들의 발표를 지켜보는 와중에 교실의 넓은 창을 통하여 한창 진행되고 있을 크리스마스 마켓을 바라보았다. 마켓 구경보다 판매하고 있을 글루바인을 한 모금 마시고 싶었다. 쿠프슈타인 대학교 교실에는 마치 오픈되어 있는 카페처럼 건물 벽마다 큰 창이 있다. 밖을 훤히 보게끔 하는 창은 외부와의 경계선을 없애주는 듯하여 학기 초반에는 야외 수업을 하는 듯했다.

친구들의 발표에 이어 나의 발표도 무사히 끝났다. 그리고 약 20분간 쉬는 시간이 시작되었다. 빨리 밖으로 나가 글루바인 한잔하고 싶었다. 발표도 끝났으니 마셔도 되지 않은가. 오직 글루바인 생각만이 머리를 울렸다. 내 손으로 민 문에 갑자기 비상벨이 울렸다. 교실 안에 있는 문이 비상문인지 모르고 그 문을 밀었던 것이었다. 맙소사. 비상벨은 엄청 시끄럽게 울어댔다. 덕분에 교실에 있던 친구들 모두 귀를 막고 밖으로 나가야만 했다. 쥐구멍에 숨고 싶었다. 프랑스 리옹에서 온 친구 레오니의 도움으로 경비원을 불러내 비상벨을 끄고 가까스로 사태를 무마할 수 있었다. 글루바인을 마시지도 못한 채 소란만 일으켰던 웃기고도 슬픈 사건이었다.

나홀로
크리스마스 마켓 나들이

글루바인을 마시지 못한 채 성공적으로 발표를 마친 나에게 주는, 다른 보상이 필요했다. 발표 후, 교수님은 별다른 설명 없이 전체적으로 잘했다고 우리 조를 칭찬해주셨다. 거기서 더 나아가 폴란드 친구, 모범생으로 소문난 모니로부터 개인적인 칭찬을 받았다. 모니는 내 발표가 좋았다는 진심을 전해주었다. 이상하게도 또래에게서 듣는 칭찬이 더 달콤하게 느껴졌다.

학교 근처 마트로 가 커다래한 초콜릿 상자 하나를 사들었다. 보통 초콜릿이 아니었다. 크리스마스 날까지 25일 동안 손꼽아 기다리며 하나씩 뜯어먹는 신개념 형식으로 되어있는 상자였다. 안에는 손가락 사이즈만한 초콜릿이 하나씩 들어있었다. 12월 5일에 구매하였으므로 이날은 한꺼번에 5개나 먹었다. 집에서 저녁을 해결하기엔 시간이 애매해 강 주변에 위치한 볶음면 전문점에 들렀다. 오리고기 볶음면 주문해서 먹은 후 맛있어서 맥주도 추가해 꿀꺽 원샷했다. 그리고 강을 앞에 두고 위치한 크리스마스 마켓으로 향했다.

작은 마을 쿠프슈타인에는 무려 세 곳에서 크리스마스 마켓이 진행되고 있었다. 요새에 위치한 마켓은 미처 가보지 못했는데 동굴에서 열렸고 규모도 나름 크다고 들었었다. 강 앞에 위치한 마켓은 학교 앞에 있는 마켓보다 크기가 작았지만 아기자기한 소품들이 많았다. 특히 캐럴이 흘러나오는 주크박스는 어린이들의 시선을 집중 시켰으며 어른들에게는 갖고 싶은 소유욕을 불러일으켰다. 캐럴이 흘러나오고 지붕 위에는 섹시 도발의 산타 모형이 있어, 마치 영화 속 산타 마을에 와있는 듯한 기분이 들었다. 회전하는 자동차를 타고 있는 아이들을 바라보며 빼먹지 않고 글루바인 한 잔을 마셨다. 맛도 좋고, 컵도 이쁘고. 글루바인 종류에는 백포도주와 맥주도 있었다. 적포도주로만 만드는 줄 알았는데 백포도주로 만든 글루바인은 어떤 맛일지 다음에 꼭 도전해보고 싶었다.

집으로 돌아오는 길, 무심결에 고개를 들었다. 하늘은 핑크빛으로 온통 물들여있었다. 플랫으로 가려면 골목을 꺾어야 하는데 직진해버렸다. 계속 걷고 싶었다. 온 사방은 크리스마스 느낌으로 가득했다. 가로등에 붙어 있는 눈송이는 거리를 밝게 비춰주고 있었고, 지나가는 사람들은 저마다의 크리스마스 얘기로 웃음꽃을 피웠다. 한 가족에겐 선물 꾸러미들이 딸려 있었다. 아이들에게 줄 선물이겠지. 이제 겨울의 주인공이자 크리스마스와의 완벽한 파트너인 눈만 오면 되었다. 완벽한 겨울을 맞이할 준비가 되어 있었다.

1월의 기록

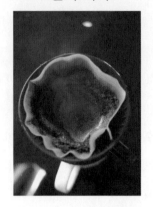

크리스마스 공휴일도, 기나긴 여행도 모두 끝났다. 이제 남은 건 학기가 끝나는 것이었다. 길게 느껴졌던 겨울 방학이 끝나고 학교 수업이 재개되었다. 아직 시험과 발표도 남아 있었다. 플랫에 한국인 친구들이 여행을 다 떠나고 없었던 주말, 홀로 부엌에 서서 아침을 어떻게 할지 궁리했다. 그러던 차, 똑똑 누군가가 부엌문을 가볍게 두들겼다. 티토였다. 티토는 크레이프를 만들었는데 같이 먹자고 제안하였다. 반가운 소식이었다. 때마침 부엌에 들린 넬리도 함께 초대되었다.

2층 부엌으로 올라가 보니 달콤한 향이 코를 간질였다. 열 장이나 되는 얇은 두께의 팬케이크들 사이에 누텔라와 딸기잼이 꾸덕꾸덕 발라있었다. 일단 비주얼은 합격. 크레이프 하나하나에 티토의 정성이 담겨있었다. 티토는 티토의 절친인 밍가일레로부터 직접 전수해온 레시피를 바탕으로 만들었다고 했다.

맛 또한 기대하지 않을 수 없었다. 맛을 보기 위해 포크로 한 겹 말아 입에 넣었다. 딸기잼은 짠맛을 느끼게 해주며 동시에 누텔라는 달달한 맛을 자아냈다. 단짠의 조화가 절묘하게 어우러졌다. 보답으로 커피를 내려주었더니 낼리와 티토 둘 다 커피를 잘 안 마신다고 했다. 그럼 무슨 낙으로 사나 싶었다.

행복은 가까이 있다

　기나긴 여행을 마치고 쿠프슈타인 집으로 돌아오면 기분이 마냥 좋았다. 이런 기분을 1월이 되어서야 비로소 알게 되었다. 집으로 돌아온 것만 같은 느낌을. 온몸을 감돌았던 긴장이 풀리고 집에서 해먹을 한식 생각에 늘 입맛을 다셨다. 잠시 어디로 떠나도 그대로 흘러가고 있을 잔잔한 강은 지친 피로를 풀어주는 듯했다. 마을 뒤로 하늘 높이 솟아오른 산의 초록색은 관광지를 보느라 혈안이 되어 있었던 나의 눈을 치유해주었다. 짐을 풀자마자 바로 잠들어버린 다음 날 아침, 초록색이었던 산이 하얀 눈으로 덮여 있는 것을 발견했다. 살포시 창문을 열어 깜짝 손님을 맞이하였다.

　곱디고운 하얀 눈이 끊임없이 내렸다. 하얀 눈과의 아침 인사로 하루를 밝게 시작하였다. 처음으로 눈을 보는 사람처럼 창문을 열고, 눈을 만지며 호탕하게 웃었다. 눈이 계속 왔으면 싶어 지그시 눈을 바라보기도 했다. 혹시나 눈을 좋아하는 내 마음을 읽을까 싶어. 집 앞마당에는 눈이 소복하게 쌓이고 있었다. 이렇게나 많은 눈을 보는 건 정말 오랜만이었다. 역시 스키의 고장인가 싶었다. 오늘따라 나무의 팔뚝이 흰옷을 입어 두꺼워 보였다. 무심코 내 팔뚝과 비교해 보았다. 별다른 차이가 없었다. 입가에 살짝 미소가 지어졌다.

고양이 발걸음으로 도착한 부엌에서 하얀 눈을 등지고서 고소한 향을 풍기는 커피를 내렸다. 커피 드리퍼를 산 이후로 매일 아침, 드립 커피를 마시며 하루의 일과를 시작했다. 창밖 하염없이 내리는 눈이 향긋한 커피 향과 어우러져 반복적인 일상을 특별하게 만들어 주었다. 마을은 이미 드넓고 큰 하얀 물체에 점령당한 지 오래였다. 문득 내가 가진 근심이 아무것도 아니라는 생각이 들었다. 점점 거세게 쏟아지는 눈으로 인해 길거리에는 점점 더 두꺼운 층의 하얀 들판이 형성되고 있었다. 내가 가지고 있었던 잡다한 생각들도 점차 사라졌다. 강원도 산골에서 볼 법한 엄청난 양의 눈이 오고 있었다. 보고 있는 것만으로도 행복감이 들었다.

Special.
나를 발견하다

　혼자 있는 시간이 길어질수록 나를 탐구하는 시간이 많아졌다. 여행 중 발견하거나 교환학생 생활하면서 무심코 알게 된 나의 성격들이 있다. 나 자신을 더 알려는 방법으로 지난 교환학생 5개월간 나의 성격 리스트를 작성하였다. 또한, 나를 좀 더 나은 사람으로 개선하고 싶었다. 나에 대해 생각하며 작성한 성격 리스트에는 솔직한 나 자신의 모습이 드러나 있었다. 리스트를 읽으며 한쪽에 치우친 부분은 고치려 노력했고 나 자신의 감정을 잘 알고 대처할 수 있게 되었다. 고로 이 성격 리스트는 나 자신과 더 친해질 수 있는 계기를 마련해 주었다.

여행 중 발견하고 교환학생 생활 중 알게 된 나의 성격 리스트 〈나를 사랑하자, 나를 개선하자〉

① 은근 고집이 있다.
② 낯선 이들을 경계한다.
  - 적당한 정도가 좋은데 가끔 다가오는 친절한 손길에도 매정하다.
③ 좋은 건 많이 보고 싶어 하고, 가질 수 있는 건 다 갖고 싶어 한다.
  - 고로 돈 많이 벌어야 할 필요성을 느낀다.
④ 길을 잘 못 본다.
  - 구체적으로 말하자면, 지도를 잘 보지 못한다. 한 마디로 길치다.
⑤ 대도시나 자연보다 소도시를 선호한다.
⑥ 새로운 사람들을 만나는 것을 두려워한다.
  - 네 명 이상의 무리와 노는 것을 꺼린다. 개인적으로 세 명이 딱 적당하다고 생각한다.

성격 리스트 예시로 나의 성격들을 폭로해보았다. 여행 중이거나 교환학생에 있다면, 이와 같은 성격 리스트 만들어볼 것을 추천한다. 자기 자신을 발견할 수 있을 것이다.

요리와 먹방으로 채운,
얼마 남지 않은 나날들

쿠프슈타인에 남아 있는 시간은 얼마 남지 않아서, 더욱 소중하게 느껴졌다. 이곳에서는 요리마저 즐거웠다. 10분 거리에 있는 마트에서 장을 보고 오면 어언 삼십 분의 시간을 잡아 요리를 완성했다. 한식 파인 나의 입맛을 맞추기 위해 한식 요리가 주 담당이었다. 얼마나 먹어댔는지 모를 먹방을 하고 나면, 말할 수 없이 행복했다. 쿠프슈타인에 머무는 동안 혼자 음식 해 먹는 시간을 많이 할애했고 그만큼 얼마나 재미있었는지 모른다.

12월 상한 소고기를 먹어 체하고 나서 다 나았을 때, 생일 이후로 두 번째 미역국을 끓여 먹었다. 총각김치부터 연근 조림, 깻잎 그리고 김까지 반찬 삼아 밥 두 그릇 뚝딱 비웠다. 얼마 만에 먹는 한식이었는지 무척이나 그리웠다. 하루는 두부로 반찬 해 먹고 싶어 여기저기에 들러 두부를 찾았다. 마을 끝자락에 위치한 터키 마트에도 갔었는데 두부를 찾아볼 수 없었다. 터덜터덜 집으로 돌아가는 길에 잠시 들린 다른 마트에서 채식주의자들을 위한 두부를 발견했다. 덩실덩실 춤이 절로 나왔다. 이날 도전한 요리는 두부조림. 올리고당이 없어 설탕을 대신 넣어 구웠더니 소스가 두부와 함께 바싹 구워졌다. 두부 자체도 퍽퍽해 달콤한 두부조림을 먹을 줄 알았는데 실패하고 말았다.

요리하면서 알게 된 점은 손이 크다는 점이다. 두고두고 먹기 위해 8인분 양의 된장찌개를 끓인 적이 있었다. 야채 손질하는 게 약간 번거로워도 감자, 양파, 파 그리고 고기를 볶은 후 그 위에 멸치 다시마 육수를 붓고 된장만 풀면 환상적인 된장찌개가 완성되었다. 신비로운 한식의 세계였다. 반찬으로는 간장, 가지, 양파 그리고 파만 있으면 금방 만들어지는 가지 볶음을 택했다. 이 또한 많이 만들어 나중에는 끝내 상해버린 된장찌개와 가지 볶음을 마주했었다. 이 두 가지 만찬에 계란이나 스팸을 구워 곁들이기도 하고 엄마가 보내준 김치나 총각김치를 바리바리 꺼내 접시에 놓았었다. 냉동실에 얼려두었던 냉동 밥을 꺼내 전자레인지에 2분 30초만 돌리면 음식 준비 완료. 진수성찬이 따로 없었다. 한식을 먹으면, 마치 할머니 댁에 온 것처럼 푸짐하게 먹었다. 그렇게 자주 과식했었다. 여행의 후유증이었던가? 한 번 한식을 먹으면 영영 다시 한식을 먹지 못하게 되는 것처럼 많이 먹곤 했었다. 그 덕분에 항상 밥을 먹고 나면 포만감도 두 배, 만족감도 두 배였다.

빠질 수 없는 주전부리

매 끼니를 한식만으로 해결하지 않았다. 밥을 대신할 수 있는 주전부리도 즐겨 먹었다. 떡볶이를 별로 좋아하지 않았던 내가 타지에 오니, 별로 좋아하지도 않던 떡볶이와 순대가 왜 이렇게 그리운지 알다가도 모르겠다. 엄마에게 부탁해 소포를 통해 떡 재료를 받아 여러 번 떡볶이를 해 먹었다. 매운 것이 막 당기는 날에는 라면 사리도 추가해 라볶이를 해 먹고, 떡이 떨어지는 날에는 떡 대신 마카로니를 소스에 볶아 맥볶이도 만들어 보았다. 멸치 다시마 육수에 다가 카레 가루까지 첨가해 카레 떡볶이도 만들어 먹었다. 떡 자체가 쫄깃해서 맛이 없을 수가 없었다.

엄마는 떡볶이 외에도 여러 번 소포로 한식재료를 보내 주었다. 한식 먹지 못하면 죽는 병에 걸린 딸을 살리기 위한 엄마의 수단이기도 했다. 눈이 오는 날이면 방 안에 콕 박혀 엄마가 보내준 순대와 함께 떡볶이를 먹었다. 순대와 떡볶이는 야식으로도 적합했다. 겨울은 살찌우는 계절이었다. 과제 하면서, 또는 공부하면서 줄곧 간식도 챙겨 먹었다. 방금 분명 밥을 해 먹었는데 어느새 손에는 찐 고구마 두 개가 쥐어 있었다. 고구마 한입 물고 아삭아삭 김치를 먹었다. 김치와 고구마는 잘 어울리는 한 쌍이었다. 사실 나에게는 또 다른 자아가 있었다. 바로 어머니 같은 자아였다. '공부하면서 귤이랑 포도 그리고 만두도 먹으렴.' 과제나 공부를 하기 위해 먹는 게 아니라 먹으려고 공부하는 내가 있었다.

사실 내가 좋아하는 음식은 따로 있다. 누군가는 싫어할 법한 연근이다. 이를 잘 알고 계셨던 엄마께서는 1차로 생 연근 튀김을, 2차로는 시장에서 산 연근 조림 과자를 보내주셨다. 친구들에게도 나눠주고 수업 쉬는 시간 족족 열심히 먹어댔더니 어느 순간 가루밖에 남지 않았다.

떡볶이에 이어 간편하게 만들어 먹는 편의점 음식도 그리웠다. 친구가 보내주었던 불닭볶음면 위에 삼각김밥 대신 밥과 참치 그리고 김 가루를 넣고 치즈를 뿌려 먹었다. 인터넷을 보고 만들어낸 이 조합은 꿀맛이었다. 초등학생들 사이에서 유행하는 '마크 정식'도 해 먹었다. 원래는 시중에서 파는 스파게티면에 올라가야 하는 것을 비빔면 위에 떡볶이와 치즈를 올려 비벼 먹었다. 비빔면과 떡볶이의 조화도 나름 괜찮았다.

심심할 때마다 요리 동영상을 감상하였다. 요리에 푹 빠져있었던 나는 따로 레시피를 적지 않아도 금세 요리법을 익힐 수 있었다. 떠먹는 고구마 피자 영상을 본 후, 즉흥적으로 고구마를 삶았다. 프라이팬에 토르티야를 갈기 찢어 올려놓은 후 다진 마늘을 넣은 꿀을 발랐다. 껍질을 간 고구마와 피자 치즈 그리고 고르곤졸라 치즈를 녹이니 하나의 요리가 완성되었다. 내가 만들었지만, 레스토랑에서 파는 것 못지않게 맛있었다. 레시피가 따로 없는 요리도 과감히 시도해 보았다. 한국에서 학교 다닐 적에 동아리에서 자주 배달시켜 먹었던 김치 피자 탕수육이 갑자기 생각나 먹고 싶어졌다. 돼지고기 등심에 전분 옷을 입혀 찹쌀 탕수육을 만들었다. 김치와 치즈까지 합세하니 순식간에 만들어졌다. 맛도 모양도 시중에 파는 김피탕과 똑같았다. 요리 천재가 된 것만 같아 뿌듯했다.

함께해서 더 소중한 저녁식사

플랫의 한국 친구들 네 명과 나는 가끔씩 다 같이 모여 야식을 해 먹곤 했다. 하루는 야식 메뉴로 칼국수와 치킨이 당첨되었다. 요리를 잘하는 룸메이트가 요리를 주로 담당하였다. 총대를 멘 룸메이트는 곧바로 음식 만들기를 시작했다. 전날 반죽한 밀가루로 뽑아낸 면발에 군침이 절로 돌았다. 멸치와 다시마로 우려낸 국물에 썰어 놓은 야채가 퐁당 빠졌다. 그 위에는 면도 넣어졌다. 냄비를 가득 찰 정도의 양이 순식간에 불었다. 채소도 많은 데다가 면이 퉁퉁해 원래는 칼국수였던 음식이 수제비로 변신하고 말았다. 룸메이트가 정성 들여 만든 수제비를 닮은 칼국수는 담백한 데다가 맛있었다. 엄마표 수제비가 생각나 눈물 없인 먹을 수 없었다. 요리가 완성한 시각이 새벽 1시였는데 각각 두 그릇씩이나 해치웠다.

수제비에 이어 룸메이트는 닭가슴살을 썰어 마요네즈로 버무렸다. 홈메이드 치킨을 만들기 위함이었다. 어느새 플랫 요리사가 된 룸메이트는 또다시 부지런히 움직이기 시작했다. 과자를 하얀 봉지에 넣어 잘게 부순 후 닭가슴살에 과자 옷을 입혔다. 따로 튀김가루가 없어 생각해낸 룸메이트의 새로운 발상이었다. 얼추 과자 옷들을 입은 닭들은 오븐으로 향했다. 우리는 두 손을 모아 닭들이 바싹바싹 잘 구워지기를 빌었다. 오븐으로 가지 못한 남은 닭 다리 네 개는 따로 기름에 튀겨졌다. 바싹 기름에 튀겨진 닭 다리를 입으로 쏙 가져갔더니 눈 깜짝할 새 다 없어졌다. 오븐에 들어갔다 나온 닭도 겉은 약간 검게 그을렸어도 속이 아주 잘 익었다. 비주얼과 맛 둘 다 합격이다. 가맹점 치킨집에서 먹는 것보다 맛있었다.

요리사 룸메이트의 도전은 계속되었다. 유럽에서는 생크림 케이크를 잘 볼 수 없었다. 그게 아쉬웠던 룸메이트는 생크림 케이크를 만들어 먹고 싶다고 노래를 불렀었다. 수업이 없었던 날 저녁, 룸메이트가 케이크 시트와 딸기를 사오더니 딸기 생크림 케이크를 완성해냈다. 케이크용 칼이나 케이크 판도 없는 열악한 환경에서 만들어낸 결과물에 놀라지 않을 수 없었다. 새하얀 생크림 시트 위 딸기로 장식된 케이크는 어느 케이크 못지않게 예뻤다. 플랫 사람들을 포함한 인원 넷이서 몇 분 만에 케이크를 클리어했다. 우리는 룸메이트를 요리의 신으로 찬양했다. 또 다른 날엔, 룸메이트가 둥실둥실 하얀 구름 같은 생크림을 바른 초콜릿 케이크를 만들어냈었다. 그 후, 룸메이트가 무엇을 만들어내도 놀랄 것이 없었다.

1월 31일. 설날이 지난 평일에는 오전부터 저녁까지 장장 8시간 동안 부엌에서 달그락거리는 소리가 끊임없이 흘러 나왔고 수많은 가짓수의 요리가 완성되었다. 수셰프 룸메이트와 보조 셰프의 역할을 한 우리는 훌륭하게 재료를

손질하고 음식을 마무리하였다. 보글보글 끓여낸 떡국 그리고 당근과 밤이 들어있는 달짝지근한 갈비찜. 여기서 끝이 아니었다. 넉넉한 기름에 구워진 호박전과 감자전까지 눈을 홀리고 침을 흘리게 하는 음식들이 상다리 부러지게 차려졌다.

자주 밥을 같이 해 먹곤 했던 우리에게 설날이라는 명절은 그냥 지나칠 순 없었다. 한국으로 뿔뿔이 흩어지기 전에 가진 마지막 만찬이기도 했다. 플랫 다섯 멤버만 밥을 해 먹었던 보통 날과 달리 이날 저녁 좀 더 따뜻하게 보내고 싶었다. 그래서 쿠프슈타인에서 오스트리아 사람과 결혼한 후 사는 한국인 여성분을 초대하였다. 사교성 있는 룸메이트의 제안이었고, 마침 그분의 블로그를 알고 있었던 나는 그분께 쪽지를 보내는 행동을 개시하였다. 그분에겐 아기도 있었는데 아기는 잠을 자고 있어 데려오지 못했고 대신 잡채를 한가득 만들어 오셨다. 아기를 보고 싶어 했던 친구들은 아쉬워했지만. 뒤늦게 알게 된 인연이었지만 새로운 분과 함께 밥을 먹으니 재미도 두 배, 맛도 두 배였다.

식사를 마친 후 그분께서 2차는 자신의 집으로 가는 것이 어떻겠냐는 제안을 하셨다. 생각지도 못한 초대에 기뻤다. 그분의 집은 3층 복층 형식으로 되어 있었고 평범한 가정집과 달리 인테리어 잡지에 나올법한 세련된 느낌을 자아냈다. 원목으로 된 식탁에 앉아있자, 냉장고에서 시원한 맥주병을 꺼내 한 잔씩 따라주셨다. 슈납스도 맛보게끔 해주셨는데 알코올 맛이 덜한 게 소주보다 맛있었다. 안주로는 진미채와 치즈를 아낌없이 퍼주셨다. 친절하신 그분 덕에 우리는 마음껏 먹고 지저귀는 꾀꼬리처럼 쉴 새 없이 수다를 떨었다. 그분께서는 이야기를 많이 하기보다 경청에 더 많은 시간을 할애하셨다. 오랜만에 한국인들을 만나 한국말을 듣는 것이 정겨운 듯했다. 우리를 이렇게 집에까지 초대해주시고, 이야기까지 잘 들어주시다니. 정말 고마운 분이셨다. 일찍 만났으면 더 좋았을 것을.

생각해보면 이렇게 매일 밤 한식 파티를 벌일 수 있었던 건 플랫의 같은 층에 사는 모니카와 넬리 덕분이었다. 한식 냄새와 저녁 식사 후 디저트 타임까지 갖는 우리 때문에 부엌을 사용하는 게 불편했을 법한데 그들은 불평 한 번 하지 않았다. 그들에게 고마운 마음이 들었다. 플랫에서 벌였던 저녁 파티는 결코 잊을 수 없을 듯하다. 함께 해 먹는 시간은 언제나 즐거웠다. 다양한 요리를 선보이는데 힘쓴 룸메이트는 이날을 끝으로 플랫의 수셰프직을 무사히 퇴임하였다.

마지막 수업

　쿠프슈타인에서의 마지막 수업은 쿠프슈타인이 아닌 오스트리아 티롤의 작은 마을 와튼스에서 이루어졌다. 수업 주제는 3D 프린팅으로 실제로 3D 프린터를 만지고 상상만 했던 그림을 3D 모형으로 입체화시켜야 했다. 같은 과인 앨리스와 멕시코 친구 테레사 그리고 네덜란드 친구 핀과 함께 한 팀이 되어 해골 모형의 사람을 제작하기로 했다. 3D 프린터에 사용되는 프로그램을 잘 알고 있었던 테레사 덕에 설계도가 수월히 준비되었다. 본격적으로 만들기 수업이 시작되어 우리는 이틀을 걸쳐 쿠프슈타인 대학교가 아닌 와튼스라는 마을에 위치한 3D 프린터가 있는 작업실에 가야 했었다.

　눈이 온 다음 날, 뽀득뽀득 눈을 밟다가 얼음길에 다다르면 미끄러질까 조심했다. 쿠프슈타인 기차역에는 핀이 제일 먼저 와있었다. 평소 다른 수업시간에 인사만 하던 사이여서 어색할 법도 한데 친화력 넘치는 핀은 생기 있는 목소리로 반겨주었다. 하얀 눈을 밟자 눈이 거무칙칙해졌다. 핀의 옷은 전부 다 어두운 검은색이었다. 검은색 계열의 어두운색을 좋아하는 것 같았다. 네덜란드에서 왔지만 약간은 동양적인 외모를 소유하고 있는 핀은 알고 보니 엄마가 베트남인이신 혼혈인이었다. 대화 도중 자연스럽게 알게 되었다. 테레사가 10분 늦게 왔다. 긴 머리를 휘날리며 온 테레사 왼쪽 귀를 향해 핀이 작게 속삭였다. "You, bitch."

핀은 남자를 좋아하는 동성애자다. 말하는 표현과 몸짓이 여성스러워서 예상했었는데 같은 팀이 되어 많은 시간을 보내자 확실해졌다. 핀은 자신이 게이라는 사실을 스스럼없이 말했다. 게이 전용 채팅 앱을 하면서 기차 안에 게이가 있다고 말하질 않나. 마트 앞 현금인출기에서 테레사가 현금을 뽑고 있는 와중에 마트 안에 매력적인 남자 경찰이 있다고 빨리 들어가자고 재촉하질 않나. 게이라는 사실을 떠나 마치 미국 드라마에 나오는 주인공 캐릭터처럼 모든 일상이 코믹으로 이어지는 재미있는 친구였다.

작업실에서 본 신기한 기계들과 열심히 힘을 합쳐 완성한 결과물도 기억에 남았지만, 더 잊혀지지 않은 것은 핀과 테레사와 함께 보냈던 시간들이었다. 앨리스와 나는 핀의 예상치 못한 말 개그와 재치 있는 행동에 고개가 뒤로 넘어갈 정도로 크게 웃었다. 그동안 핀의 행동을 많이 봐왔는지 전혀 개의치 않아 하는 테레사의 반응도 너무 웃겨서 죽을 것 같았다. 그들과 함께했던 모든 순간이 행복했다. 거의 모두가 떠나기 직전에 친해지게 돼서 무척이나 아쉬웠지만 이렇게 잠깐이라도 그들을 알게 되어서 그것만으로도 아주 좋았다.

지금도 매번 시트콤처럼 웃음을 선사한 핀과 사람을 있는 그대로 대해주고 친절한 테레사가 기차 안 맞은편 자리에 앉아있는 모습이 선하게 그려진다.

아쉬운 작별 인사

2017년 2월 1일. 쿠프슈타인을 떠나는 날, 좀처럼 발걸음이 떨어지지 않았다. 전날까지 플랫 친구들을 포함하여 다섯 명의 친구들에게 편지를 작성하여 주었다. 수업에서 만나지 못한 대만 친구 미니에겐 따로 우편으로 편지를 보냈다. 모든 편지에는 한국 집 주소를 빼먹지 않고 꼭 남겼다. 그들이 한국으로 놀려오기를 바라면서.

9월에 가본 요새는 그 이후로 한 번도 다시 방문하지 않았다. 가족에 대한 그리움 때문이었다. 요새 근처만 가도 가족과 함께했던 기억이 스멀스멀 올라왔다.

떠나기 전날 밤, 칠레 친구 디에고가 피자 파티를 벌였다. 피자가 배달된다는 사실을 떠나기 하루 전날 알게 되었다. 플랫 2층 부엌에서는 줄곧 술 파티가 벌어졌다. 음악을 틀어놓고 카드 게임을 하며 술 마시는 다소 조용히 진행되는 파티였다. 이번 파티는 다들 집으로 가기 전에 열린 마지막 파티로 멕시코 친구 모니카의 쿠키로 시작해 피자로 끝났다. 다음날, 플랫에는 뒤늦게 날이 밝아왔다. 친구들이 차례차례 일어날 즈음 그들의 방문을 노크했다. 마치 다음날 또 볼 것처럼 그들과 자연스레 포옹을 나눈 후 작별인사를 하였다. 티토의 눈동자에 눈물이 고여 있다. 고 녀석. 애써 눈물을 참으려고 하는 모습이 아른거렸다. 결국엔 나도 기차역에 다다라서 눈물이 나고 말았다.

마지막으로 플랫을 향해 뒤돌아보니 지난 일들이 주마등처럼 눈앞을 스쳐 갔다. 9월 말 처음 플랫에 왔을 때, 제2의 집이 되어줄 쿠프슈타인에 대해 가졌던 설렘 그리고 플랫 친구들과의 첫 만남. 이 모든 일에는 물론 후회되는 것도 있었다. 그때 내가 왜 그랬을까, 좀 더 이렇게 해볼걸. 그런데 이제는 그랬던 나에 대한 아쉬움보다는 그랬던 나도 좋으니 그때로 다시 돌아갈 수만 있다면 소원이 없겠다.

시간은 참 빠르다. 누구나 다 아는 사실이지만 애석하게도 우리는 시간의 빠름을 정확히 인지하지 못하고 있다. 지금 이 순간에도 시간은 빠르게 흘러가고 있는데 우리는 그 소중함을 잘 알고 있지 않다. '현재를 소중히 여겨라.'라는 뜻의 라틴어 '카르페 디엠'이 그 어떠한 말보다도 가슴에 다가왔다. 기차에 올라타기 전 주춤하여 다시금 마을을 향해 고개를 돌렸다. 지금 이 순간도 나중에는 미치도록 그리워지겠지.

유럽 교환학생 일기

초판 1쇄 발행 ㅣ 2017년 10월 23일

글, 사진 ㅣ 홍지수
펴낸이 ㅣ 공상숙
펴낸곳 ㅣ 마음세상

주 소 ㅣ 경기도 파주시 한빛로 70 507-204

신고번호 ㅣ 제406-2011-000024호
신고일자 ㅣ 2011년 3월 7일

ISBN ㅣ 979-11-5636-139-8 (03920)

원고 투고 ㅣ maumsesang@nate.com

ⓒ홍지수, 2017

* 값 13,500원

* 마음세상은 삶의 감동을 이끌어내는 진솔한 책을 발간하고 있습니다. 참신한 원고와 번뜩이는 아이디어가 있으시다면 망설이지 마시고 연락주세요.

국립중앙도서관 출판예정도서목록(CIP)

유럽 교환학생 일기 / 글, 사진: 홍지수. – 파주 : 마음세
상, 2017
  p. ; cm

ISBN 979-11-5636-139-8 03920 : ₩13500

유럽 여행[-旅行]
여행기[旅行記]

982.02-KDC6
914.04-DDC23   CIP2017021574